田尻智
攝影館

《寶可夢》之父
田尻智——!!

《寶可夢》在全世界掀起風潮。小時候沉浸在遊戲世界，如今已成為傲視全球的遊戲設計師田尻智，究竟是如何創造出寶可夢的呢？兒時的經驗讓他創造出令全世界兒童著迷不已的《寶可夢》。

全力追求個人興趣的少年時代

❖寶可夢的起點來自於小時候捉鍬形蟲的經驗？

田尻智出生於一九六五年，在東京都町田市的新興住宅區長大。小智從小就喜歡採集昆蟲，為了在最短時間內捕獲鍬形蟲，他想了許多方法，也因此熟悉鍬形蟲的生態。

❖昆蟲博士不是夢？

除了鑽研採集方法，小智也很想知道如何延長鍬形蟲的壽命，於是他的興趣擴及到飼育與觀察。有一段時間他還立志成為昆蟲博士。（東京都町田市）

6ねん
No. 10
偶然？ 幸運？
田尻君のお母さんが パーマ屋さんで読んだ『週刊女性』の中に 猿人ーラマピテクスーの化石発見という記事を見たこと
人類の起源がほぼ確定
ヒトはいつから人になったか
中国とパキスタンであいつ

❖小學發行的學級通訊誌《小玉》深深影響了小智

小智的小學導師經常讓小智在學級通訊誌或課堂上，發表自己的自由研究結果。小智在這個時期已經養成對於自己感興趣的事物研究到底的習慣。

❖自然而然的走入電腦遊戲的世界！

中學時期的小智一頭栽進剛問世的電玩遊戲，中學畢業後就讀高等專門學校學習電腦相關知識。在學期間參加遊戲比賽榮獲第一名，成為遊戲公司的外部創意員工。（照片中央）

投身遊戲世界的小智——

THE GAME BUG

Amusement News

TV-GAME 情報紙
Vol.1
ゲームフリーク
TAJI CORP. 1983

❖徹底分析電玩遊戲！

上方是田尻智自主發行的小眾雜誌《Game Freak》第一期。田尻智熱愛電玩遊戲，針對遊戲同好發行了小眾雜誌，主要介紹遊戲攻略並推薦好玩的遊戲。創刊號銷售一空，成為日後「遊戲攻略本」的先驅。

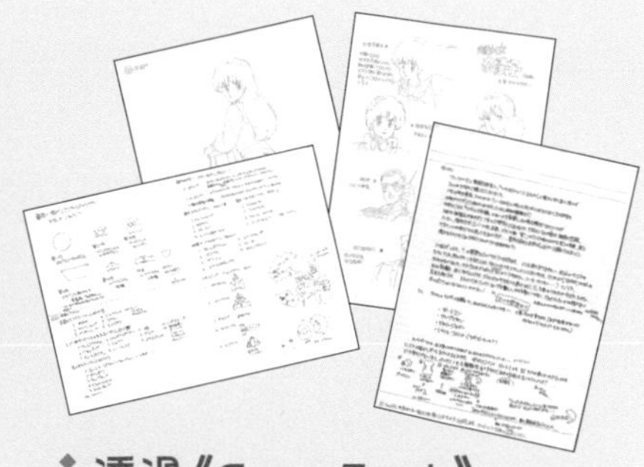

namcot
クインティ
Quinty
ファミリーコンピュータTM

❖透過《Game Freak》認識無數好友

上方是感謝《Game Freak》出版的讀者杉森建所寫的信，這也讓田尻智開始懷抱著與遊戲同好一起創作遊戲的夢想。（杉森建後來與田尻智聯手打造許多人氣遊戲，不只《寶可夢》，幾乎所有田尻智創造的遊戲，皆由他負責角色設計。）

❖終於完成第一部遊戲作品！

1989 年由南夢宮發行的紅白機遊戲軟體《解謎大作戰》（Quinty），是田尻智與夥伴們一起設計的作品。之後田尻智和他的夥伴共同成立了與小眾雜誌同名的遊戲公司「Game Freak」。

最後，《寶可夢》誕生了——

Nintendo
GAME BOY
ポケットモンスター
赤
POCKET MONSTERS

Nintendo
GAME BOY
ポケットモンスター
緑
POCKET MONSTERS

❖歷經6年的集大成作品——《寶可夢》正式上市！

1996 年，同時發售第一部作品《ポケットモンスター赤・緑（寶可夢 紅／綠）》。在紅與綠兩個版本中登場的寶可夢稍微不同，消費者從「決定買哪個版本」開始便已投入這場遊戲。《寶可夢》擄獲了孩子們的心，躋身暢銷遊戲之列。

Capsule Monster

❖《寶可夢》原本稱為《膠囊怪獸》

右方是創造《寶可夢》時寫的企劃書，當初的標題為《膠囊怪獸》（Capsule Monster）。

行くぜ！
ゼンリョク！
大冒険!!
ポケットモンスター
SUN&MOON
サン&ムーン

Pokémon GO

❖持續進化，《寶可夢》的世界

《寶可夢》不只是電玩遊戲，1996 年還推出卡片遊戲，1997 年改編成電視卡通，1998 年改編成電影。不僅如此，更推出布偶、文具等各種周邊商品。1998 年開設寶可夢周邊零售店「寶可夢中心」。2016 年推出手機遊戲《Pokémon GO》，在全世界掀起熱潮，無論男女老少都瘋玩此款遊戲，至今依舊風靡全球。

超學習 大人物 養成漫畫

寶可夢之父

田尻ㄎㄠ智

◉解說
宮本茂
任天堂株式會社
創意研究員

◉編撰
菊田洋之

◉漫畫
田中顯

◉翻譯
游韻馨

大人物養成漫畫 寶可夢之父 田尻智

目錄

◉主要登場人物◉

增田順一
田尻智20歲時認識的夥伴，負責製作《寶可夢》的遊戲音樂和程式設計。

杉森建
田尻智18歲時認識的夥伴，負責設計《寶可夢》的人物角色。

石原恆和
Creatures株式會社董事長兼社長（現任董事長會長，也是株式會社寶可夢代表取締役社長）。負責製作開發田尻智設計的遊戲《寶可夢》。

宮本茂
任天堂株式會社情報開發課代理課長（現為創意研究員）。
挖掘田尻智的才華，培養他成長茁壯。

田尻智
創造電玩遊戲《寶可夢》，日本最具代表性的遊戲設計師。

媽媽
完全支持田尻智的所有決定，在背後默默守候。

谷田川老師
田尻智的小學導師。

後記／任天堂株式會社創意研究員 宮本茂
編撰／菊田洋之
漫畫／田中顯
協力／任天堂株式會社 株式會社寶可夢
Creatures 株式會社 GAME FREAK 株式會社
太東株式會社
萬代南夢宮娛樂
橘川幸夫
攝影／photolibrary
Panasonic 株式會社
電子積木機器製造株式會社
插圖／田中顯
日文版編輯／安達健裕（小學館）
平林杏子 佐藤浩貴 渡邊剛司（銀杏社）

媽，我出門囉！
小智，你又要去採集昆蟲啦？要記得回來吃午飯喔！
♫
♪
小智，你來啦！

序章

事不宜遲，
快點來找我們，
看你能不能把我們
抓回去！

ワーイ
看我全部抓光光！
鼾～
咻～
※喔耶！

ハッ
※清醒
糟糕！我竟然睡著了，還夢見小時候的事情……

田尻社長，過來採訪的雜誌記者到了。
好，我現在就過去。

家喻戶曉的電玩遊戲軟體《寶可夢》，

一九九六年推出掌上型遊戲機Game Boy＊專用軟體版，陸續衍生出漫畫、卡通、周邊商品等各種產品，內容越來越豐富，在全球熱賣，掀起風潮。

＊Game Boy：位於京都的玩具和電腦遊戲製造商任天堂，於一九八九年推出的攜帶式掌上型遊戲機。

製作出在全世界備受歡迎的《寶可夢》的人，就是田尻智。
他在日本可以說是最具代表性的遊戲總監*天王*。

*遊戲總監：負責企劃與製作遊戲的人。

*天王：受到眾人崇拜的人物。

第一章　昆蟲與太空侵

一九六五年，田尻智出生於東京世田谷區，他從小就很喜歡昆蟲。
哇！那傢伙又來了。
不妙，在被抓之前趕快逃！

他在東京都町田市的新興住宅區度過童年，那時候當地還是一片自然景色，棲息著各式各樣的昆蟲。

*町田：東京都町田市。

草叢裡有蚱蜢、白粉蝶，

排水溝的暗處住著一群蟋蟀……

嘿咻
ガッ
ガッ

※踩、踩

※ 啪拉啪拉

パラ
パラ

這裡到底有沒有
鋸鍬形蟲啊……
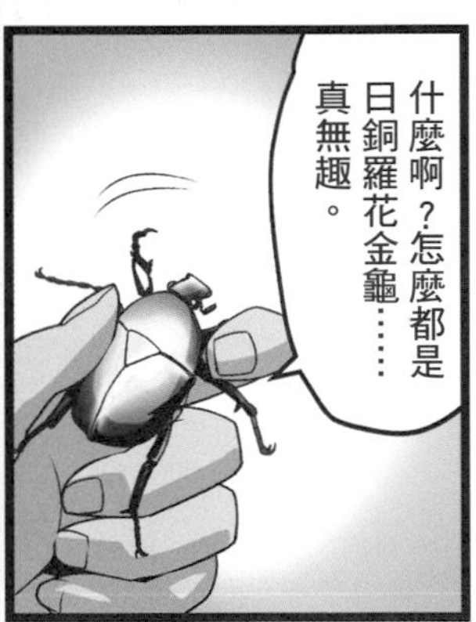
什麼啊？怎麼都是
日銅羅花金龜……
真無趣。
※ 哈哈哈哈

ははは
你這個時候來，
當然找不到
鋸鍬形蟲啊！
如果晚上去「墓園」，
或許還有機會找到。

什麼？
「墓園」？

孩子們一直傳說附近的墓園有許多昆蟲。
而且還有鬼怪出沒……

※ 昆蟲圖鑑

昆虫の図鑑
嗯，昆蟲真奧妙……

飛蝗的後腿強勁有力，可以跳得很高。

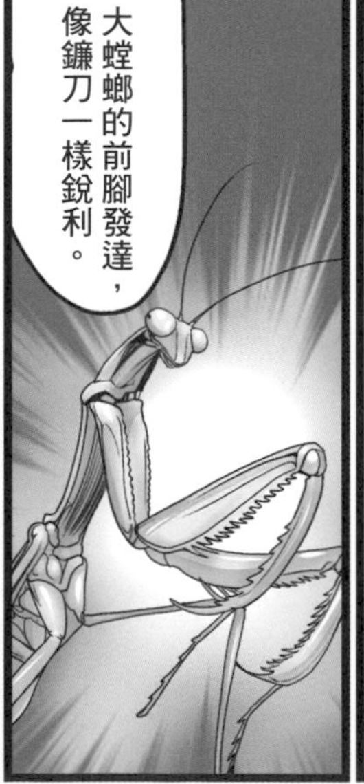
大螳螂的前腳發達，像鐮刀一樣銳利。

獨角仙的頭部有巨型犄角。
每種昆蟲的身上都有一項超強武器。

鍬形蟲人氣排行榜
當時，最受小智和同學們歡迎的昆蟲就是雄性鋸鍬形蟲。
第1名
鋸鍬形蟲（雄性）
第2名
鋸鍬形蟲的變種
（雄性，大顎較小）
第3名
小鍬形蟲（雄性）

不過，我覺得最帥氣的還是鋸鍬形蟲。

鋸鍬形蟲是夜行性昆蟲……
原來如此，難怪只能晚上到墓園才抓得到……

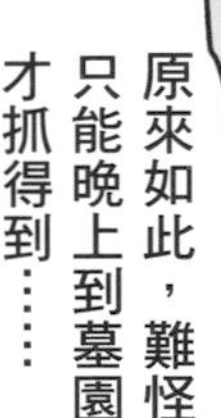

わっはっは
小智，你真的很喜歡昆蟲呢！將來要當昆蟲博士嗎？
爸爸！

※ 哈哈哈

小智，吃飯囉！
ハーイ

昆蟲博士啊……
昆蟲博士!!
好像也不錯喔！

※ 好

※嗶嗶嗶～
某天早上四點鬧鐘一響小智立刻起床，準備出門。
AM 4 00

太好了，現在天色還很暗，一定能找到鋸鍬形蟲。
我得悄悄離開家，不要吵醒其他家人，一個人去墓園。

※抖……　※咻——

呃……好可怕啊……

鋸鍬形蟲，趕快出來啊……

※哇啊！　※啊啊啊　※嚇一跳

ㄍ、ㄍ…

墓園有鬼啊！

最後，小智並沒有抓到鋸鍬形蟲。

※呼～
ブーン
有沒有什麼方法，
不用晚上去墓園
也能抓到
鋸鍬形蟲啊？

小智是一個積極向上、
熱衷研究的孩子。
他的小學導師谷田川老師
特別的上課方式，
深深影響了小智。

谷田川老師每天都會
空出一段時間，
讓班上學生發表
自己的研究心得。
關於人類祖先
臘瑪古猿的
起源……

受惠於導師的授課風格，
在當時形成了由學生當主角、
成為課堂主體的上課風潮。
猿人何時變成人類？

呵呵呵……
與其由我講課，
學生們發表自己的研究心得
才能吸引所有學生的目光，
大家聽得好認真啊……

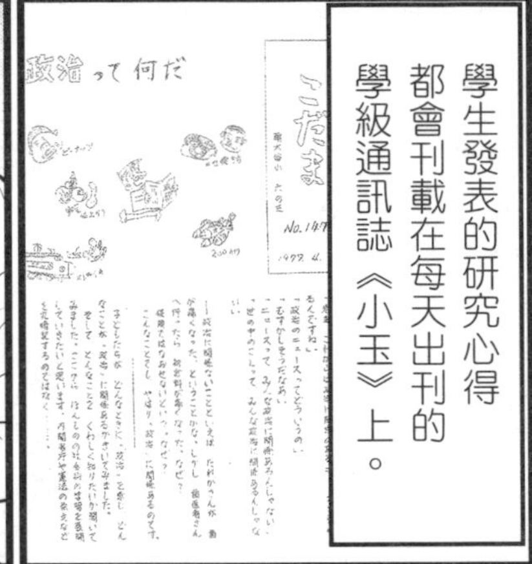

學生發表的研究心得
都會刊載在每天出刊的
學級通訊誌《小玉》上。
政治って何だ

為了研究各種事物，
寫出心得報告，
小智養成每天
認真讀報的習慣。

小智，今天的報紙
我還沒看耶……

每天與父母
聊天的機會
也越來越多。

有時太過投入，
甚至研究到晚上
十一點左右。

多虧導師自由指導的
授課風格，才能培養出
田尻智認真鑽研
個人興趣的行事作風。

一定有辦法不用晚上去墓園，可以在明亮的白天抓到鋸鍬形蟲，我得好好想想。
小智認真研讀昆蟲圖鑑，了解鋸鍬形蟲的習性。
鋸鍬形蟲

※ 唧～唧～

白天
ミ〜ン ミ〜ン
♪
咦，小智！
真是個傻瓜，這個時候來樹林根本抓不到鍬形蟲。

※ 看我的。

よいしょ
？
他好像要搬開樹根上的石頭，他想做什麼？

什麼？
石頭下方竟然有
鋸鍬形蟲？

嘿嘿嘿，
抓到了！

夜行性的鍬形蟲
一到晚上就出來
四處活動，
白天潛藏在枯葉下方
或鑽進土裡休息。
躲在枯葉下或
鑽進土裡

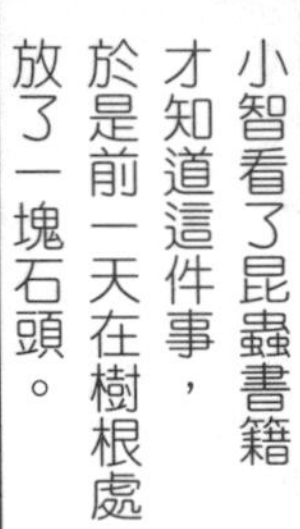
小智看了昆蟲書籍
才知道這件事，
於是前一天在樹根處
放了一塊石頭。

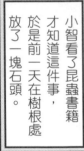

第二天一早，
鋸鍬形蟲就主動鑽到
石頭下方休息。

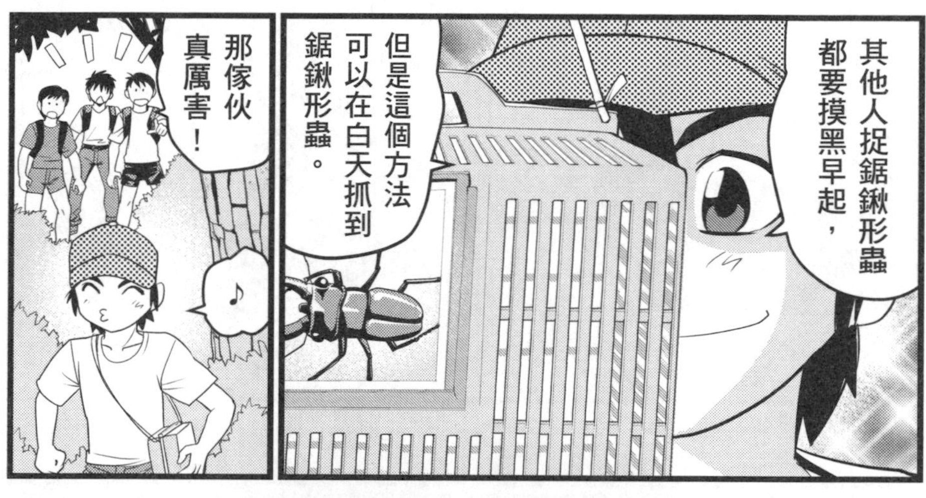
其他人捉鋸鍬形蟲都要摸黑早起，
但是這個方法可以在白天抓到鋸鍬形蟲。
♪
那傢伙真厲害！

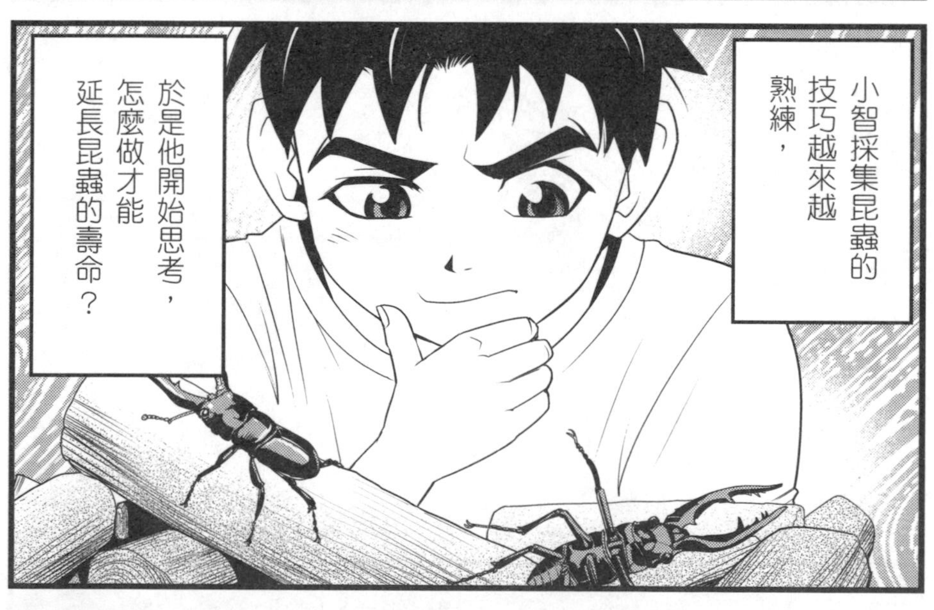
小智採集昆蟲的技巧越來越熟練，
於是他開始思考，怎麼做才能延長昆蟲的壽命？

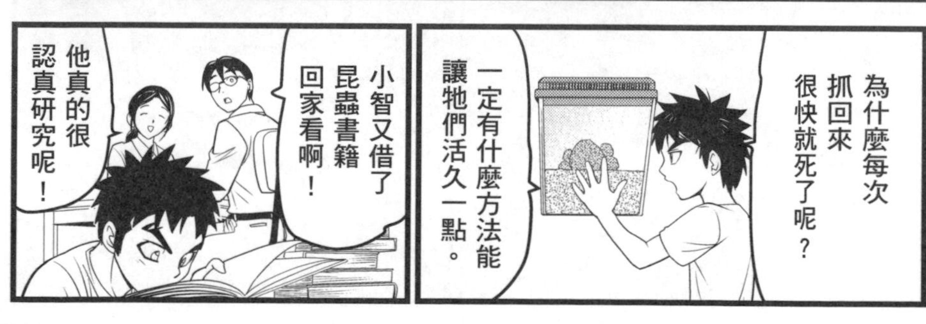
為什麼每次抓回來很快就死了呢？
一定有什麼方法能讓牠們活久一點。
小智又借了昆蟲書籍回家看啊！
他真的很認真研究呢！

※掉落　※抖、抖

小智看書後發現，昆蟲很容易在氣溫變化劇烈的秋天死亡。
ブル
ブル
冷、好冷……
ポロッ
我不行了……

小智在鍬形蟲身上做實驗。
把飼養箱放在家裡溫度最穩定的地方。

在飼養箱底部鋪滿腐植土……
腐植土
再放入不易腐壞的蘋果當食物。

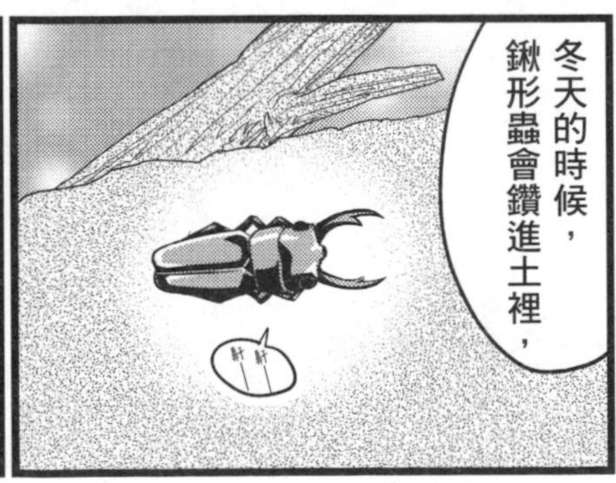

冬天的時候，鍬形蟲會鑽進土裡，
鼾鼾

但偶爾會爬出來補充水分。

小智下了很大的工夫，成功的讓鍬形蟲越冬＊。
12
1
2
3

＊越冬：生物度過冬天的行為。

不僅如此，小智不只對昆蟲感興趣，
也開始捕捉小龍蝦、青蛙、蝌蚪等小動物，將牠們養在家裡。

小智抓回家的小動物，
大大刺激了自己的好奇心。

遺憾的是……
ガガガガ…
※喀喀喀喀……
ガガーン…
※怎麼會這樣？
ん、んんな…
小動物的
棲息地被
破壞了……
安全第一

サー…
※嘩啦──

小智升上國中後，
發現小河的岸邊全都
搭建起水泥河堤。
ガガガガガ…
※喀喀喀喀──
原本有許多昆蟲棲息的
大自然環境消失了，
小智感到十分悲傷。

有一天，小智放學回家途中——

♪嘟
♫嘟嘟

※嘟嘟——

你們這是在做什麼？

你沒聽過《太空侵略者》嗎？
？
ズン
ズン

一九七八年，太東株式會社推出電玩遊戲《太空侵略者》，

甫上市便在日本各地掀起熱潮。

＊太東株式會社：位於東京都新宿區，是負責經營電子遊樂場並開發大型遊戲機的公司。

※電子遊樂場

就是這裡。
小智跟著同學，第一次踏進電子遊樂場。

※嗶啾——嗶啾——

哦！裡面好暗啊！

ピキューン
ピキューン
ズーン
ズズン

※嘟嘟、嘟嘟嘟

這個遊戲是用我方的砲台攻擊由上而下進攻的《太空侵略者》。
嘟嘟
ピキューン

玩一次要花一百日圓……
我覺得好浪費錢喔……
那個，
看我的！

※嗶啾——

※咚鏘——
ドカーン
哇！被打死了！

小智，你要不要玩？
不了，我不玩……

別這麼說嘛！你玩玩看，很好玩喔！
我把最後一條命讓給你玩。
這樣啊……那我玩玩看……

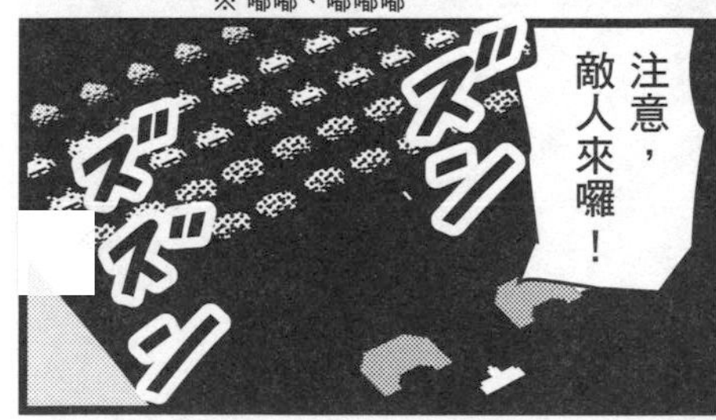
※嘟嘟、嘟嘟嘟
ズン
ズズン
注意，敵人來囉！

小智，加油！

※嗶啾——
ピキューン
快攻！

ガーン
很棒喔！
※砰！

什麼啊，原來你這麼厲害！
危險，快閃開！
ピキュキュキュ
※嗶啾——啾——啾——
タン タン
※噠、噠

這遊戲……
好好玩啊
……

哎呀！
ドー
※咻——
輸了……

※哈哈哈
ははは
你才第一次玩，這樣很厲害了。
呼……

太空侵略者，
電玩遊戲……
好想再玩喔……

從那天之後，小智滿腦子想的都是電玩遊戲《太空侵略者》。
小智！上課時間，你在方格紙上亂畫什麼？
ギクッ
※驚！

※哈哈哈哈哈

這是什麼？
這是……電玩遊戲《太空侵略者》的像素畫。
あははははは

父母給的零用錢，他也全部都拿去打電動。

原本該買參考書的錢，
他改去二手書店
買便宜的二手書，
多出來的錢就拿去打電動。
賣買
二手書
田書房

就算身上沒錢，
他也會去電子遊樂場
看別人玩。

如果要用少少的
零用錢
打很久的電動，
就必須打敗敵人，
而且我絕對不能
讓最後一條命
死掉……

小智認真研究
《太空侵略者》，
思索破解方法。
整個畫面裡共有幾個太空侵略者？
每個太空侵略者往左右移動的週期
有多長？
×?
他專注的態度就像以前
研究鋸鍬形蟲的習性、
構思捕捉方法時一樣。

有一天
這個名字出現在機台上很久了，你知道那是誰嗎？

※ 嗶啾——嗶啾——
※ 嘟嘟嘟
那傢伙現在就在那裡打電動呢！

你是說高分排行榜上的名字……
SATOSHI.T嗎？
HI-SCORE
SATOSHI.T

※ 嗶啾、嗶啾、咚鏘——

小智研究遊戲規則，構思有效的攻略法，成為卓越的遊戲玩家，不知不覺也在其他玩家中，成為家喻戶曉的厲害人物。
※ 嘟嘟、嘟嘟、嘟嘟

※ 哇～
好厲害！簡直就是職業玩家。

經過一段時間後，《太空侵略者》的熱潮消退，

但小智並未錯過之後登場的電玩遊戲，繼續鍛鍊高超的電玩技巧。

《小蜜蜂》（南夢宮*）
外星人從高空往下發射導彈，玩家必須一一擊破。

《鐵板陣》（南夢宮）
玩家操控 Solvalou 戰機，擊破出現在空中和陸地的敵軍武器。

《小精靈》（南夢宮）
玩家化身遊戲主角小精靈，在迷宮裡躲避敵人（鬼魂）攻擊，同時吃掉迷宮裡所有的豆子。

好厲害啊，到底怎麼做才能打出這麼高的成績？
你是不是有什麼絕招？
咦？

我明白了……
大家都跟我一樣喜歡電玩遊戲，也想提升自己的技術。

＊南夢宮株式會社：也就是現在的萬代南夢宮娛樂。主要是企劃、開發和販售手機遊戲及家用遊戲機遊戲等的公司。

由於這個緣故，
小智開發出
遊戲攻略後
毫不藏私，
他開始考慮
如何與其他人分享
自己開發的攻略。

田尻智的「冷知識」專欄❶

【收聽證明卡】

我第一次聽國外的廣播節目，是在小學四年級的時候。與日本相隔著大海的遙遠國度，住著一群我從未見過的人，演奏著我從未聽過的音樂，對我來說這是十分新奇的經驗。我對廣播節目很感興趣，認真研究之後，發現只要收聽節目後寫信給廣播電台，電台就會寄一張收聽憑證，也就是「收聽證明卡」給我。為了得到收聽證明卡，我第一次寫信到國外。

AUSTRALIA
RADIO AUSTRALIA

МОСКВА
РАДИО

▲從澳洲（左）與蘇聯（現為俄羅斯）莫斯科（右）寄來的收聽證明卡。

為了能夠收聽世界各國的廣播節目，我把壓歲錢存下來，買了一台高性能收音機。那是松下電器（現為 Panasonic）出產的「PROCEED 2800」收音機。使用液晶螢幕顯示波段，這樣的設計在當時充滿未來感。無論是深夜或清晨，幾乎沒有電波干擾，可以精準接收遙遠國度的電波。

National

▲ PROCEED 2800（照片提供：Panasonic 株式會社）

我很想收集世界各國的收聽證明卡，所以花了很多時間調整頻段，想要收聽各國廣播公司的節目。北韓與中國的廣播公司寄給我的收聽證明卡中，還附贈了可以貼在牆上的三角旗和明信片。有些廣播公司的節目電波很難接收，必須想盡辦法嘗試，只要嘗試成功，那種興奮的感覺完全無法言喻。日本可以收聽梵蒂岡的廣播節目，也能接收位於地球另一端的阿根廷、巴西等國家的廣播頻段。

北京放送
中国の声

▲中國「北京廣播公司」寄給我的信，裡面還有圖畫明信片與三角旗。「自由中國之聲」國際廣播電台寄來的信中，附贈了一本用日語介紹中國的小冊子。

即使我現在已經長大成人，我依舊很喜歡透過衛星或網路，收看、收聽全世界廣播公司的節目。由於平時看慣了日本的電視節目，也聽慣了日本的廣播節目，我可以從其他國家的節目中獲得不一樣的資訊。我認為擁有一顆探索陌生世界的好奇心，是最重要的事情。

補充說明

收聽證明卡的英文為 Verification Card，在日本簡稱為「ベリカード」（vericard）。只要收聽國外廣播電台向全世界傳送的短波廣播節目，並回報該廣播電台，就會收到一張收聽證明卡。收聽國際短波廣播節目的英文是 Broadcasting Listening，在日本簡稱「BCL」，1970 年代在日本國高中生之間掀起一股熱潮。

獵人獨自一人
身處於
黑暗世界之中……
※嘎
※呃
※咚
在那裡！
※嘎
カア
※嘎、咻
※啊

※呵呵
ムフフ
呼～
小智，上課不上課，在想什麼？
那傢伙一定在想電玩的事情啦！
※哇哈哈哈

升上國中三年級後，小智萌生了自己設計電玩遊戲的念頭，開始構思各種創意點子。

電玩遊戲創意比賽
公開徵求你的創作！

並且參加了由環球公司*主辦的電玩遊戲創意比賽。

企劃書

《暗夜的烏鴉》

田尻智

這款遊戲絕對好玩⋯⋯

《暗夜的烏鴉》
遊戲內容是玩家必須
在一片漆黑（！）中擊落烏鴉。
在漆黑的環境看不見烏鴉的身影，
但只要抓準烏鴉張開眼睛的時機，
玩家就能掌握烏鴉位置，
一舉擊中烏鴉。

＊環球公司：現在的環球娛樂（Universal Entertainment）公司，主要製作遊戲軟體與柏青哥機台。

當小智發現比賽評審有漫畫家赤塚不二夫、知名藝人塔摩利時，
いいとも！
※又何妨！
スゴイ!!
※好酷啊！
他感到相當興奮。

我回來了！

哇！這是……
田尻 智 先生 啟
期待已久的比賽結果終於寄到了。

ポロッ
※咚咚
這是什麼？

オオオォ
※喔喔喔
是鑰匙圈！

怎麼了？這麼興奮？
わあああっ
※哇啊啊啊
媽，妳看，我收到遊戲公司寄來的鑰匙圈。
雖然那是一封落選通知信，但對少年小智來說，拿到遊戲公司送的鑰匙圈，才是最讓他高興的事。

話說回來，
為什麼我的
《暗夜的烏鴉》
會落選呢？

うーむ
※嗯……
我設計的遊戲
到底少了
什麼呢？

最優秀獎
《旋轉門ROOM》

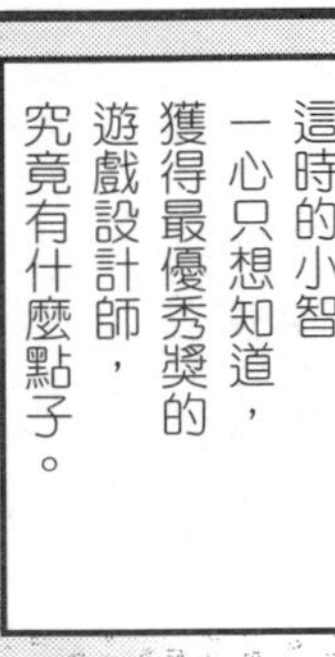
這時的小智
一心只想知道，
獲得最優秀獎的
遊戲設計師，
究竟有什麼點子。

※旋轉門ROOM
回転ドアROOM
旋轉門ROOM
……
這是怎麼回事？
這也太好玩了吧！

※嗚姆姆
うむむ…
這款遊戲的點子
太新穎了，
以前從未見過！

新遊戲……
新的定義
究竟是什麼？

旋轉門……
旋轉……

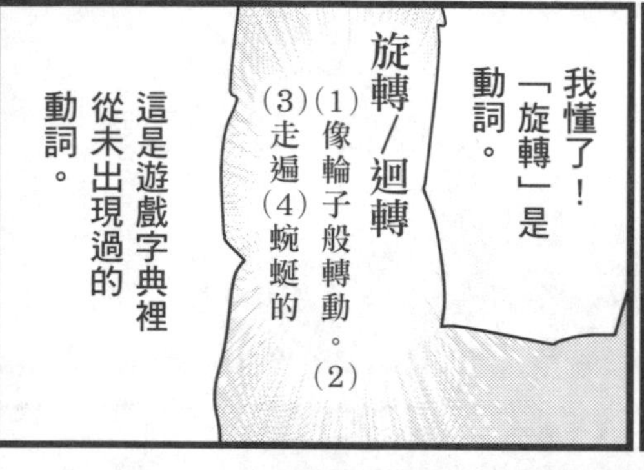
我懂了！「旋轉」是動詞。
旋轉／迴轉
(1)像輪子般轉動。(2)
(3)走遍(4)蜿蜒的
這是遊戲字典裡從未出現過的動詞。

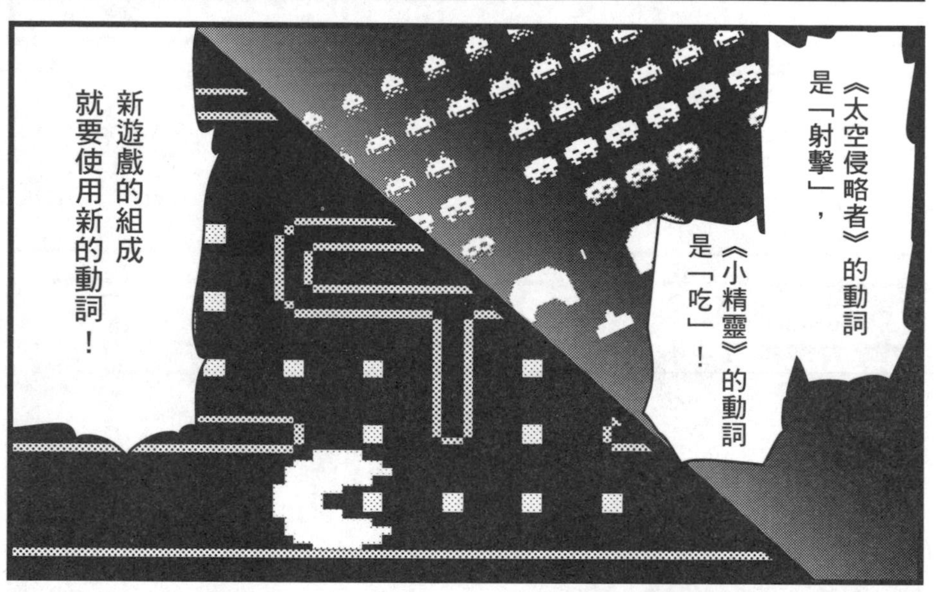
《太空侵略者》的動詞是「射擊」，
《小精靈》的動詞是「吃」！
新遊戲的組成就要使用新的動詞！

只要找到新的動詞，說不定就能設計出新的遊戲！
小智天生的探究心與好奇心，讓他找到了下一個挑戰的方向。

之後，小智參加了
遊戲業界巨擘
SEGA企業＊主辦的
遊戲比賽。
SEGA
ゲームマシン
ジュークボックス
※SEGA遊戲點播機

新的電玩遊戲需要
新的「動詞」。
「敲」
「投」
「墜落」
「飛翔」
嗯……
「創新」真的
好「難」啊！
※嗚嗚嗚……

嗯……
ぐぐぐ…

像彈簧
一樣！
そうだっ!!
※有了！

新的動詞
就是「跳」！
ビョン
ビョン
「跳」這個動作
可以創造出過去電玩遊戲
沒有的新架構。
※彈、彈

＊SEGA企業：現為SEGA遊戲股份有限公司，是製造遊戲機和遊戲軟體的公司。

小智構思的新遊戲，是玩家必須在樓梯狀迷宮中一邊往上跳，一邊前進。

企劃書

《彈簧異行者》
(Spring Stranger)

田尻智

新遊戲的名稱是——《彈簧異行者》。

國中畢業後，小智進入國立的專門學校就讀。

東京工業高等專門學校

小智希望未來從事遊戲工作，所以努力學習電腦基礎知識。

每天一下課，小智就會立刻跑到電子遊樂場打電動。

一個月後
媽！

小智，怎麼啦？

我每天打電動，可是你從沒因為這件事罵過我，
我要謝謝你，謝謝媽媽默默守護我。

小智設計的《彈簧異行者》在比賽中榮獲第一名。

哇！獎金竟然有這麼多！

小智將第一名的獎金十萬日圓的一半，也就是五萬日圓送給媽媽。

第一名

獲獎之後，小智也因為這個緣故成為SEGA公司的外部創意員工。
田尻同學，雖然你還是學生，可是很有才華！
今後還要請你定期提出遊戲的創意點子。
期待你的表現喔！

若是我的點子被公司採用，說不定就會推出我設計的電玩遊戲。
太好了，我會努力的！

※呀吼！耶！

ヤッタァァァ

自己設計的遊戲有可能變成電玩商品！小智懷抱著這樣的期待，陸續提出創意點子。

多虧SEGA員工的
建議與幫助，
小智的遊戲設計才能
越來越成熟，具備了
成為遊戲設計師的能力。

※ 鏘啦啦啦、鏘鏘

大多數玩家
只玩人氣遊戲，
當熱潮一過就不玩了，
小智在這樣的趨勢中，
努力研究、分析，預測
下一款可能的人氣遊戲。

太好了，
就是這裡！
♪チャラランチャンチャン♫
贏了！

呼！
新遊戲不斷的
上市……

我好想跟別人分享只要提升遊戲技巧，就能讓打電動更好玩的那種感覺。

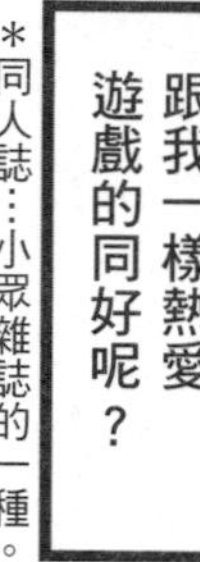
※新宿車站
新宿駅
這個世界上還有沒有跟我一樣熱愛遊戲的同好呢？

這是最近很流行的小眾雜誌*……
這裡有好多同人誌*喔……

對了！我也可以將自己過去研究的遊戲心得做成小眾雜誌，
讓所有人都能看到，這樣應該不錯。

於是，小智製作了小眾雜誌《Game Freak》，放在新宿的同人誌專賣店販售。
TV-GAME 情報誌
Vol. 1
Game Freak
TAJI CORP. 1983
當時市面上沒有任何遊戲攻略本，集結許多遊戲攻略的《Game Freak》大受歡迎，甫上市立刻銷售一空。

*小眾雜誌：個人發行的雜誌總稱。

*同人誌：小眾雜誌的一種。由個人或擁有相同興趣的多人（同人）一起出資發行的書。

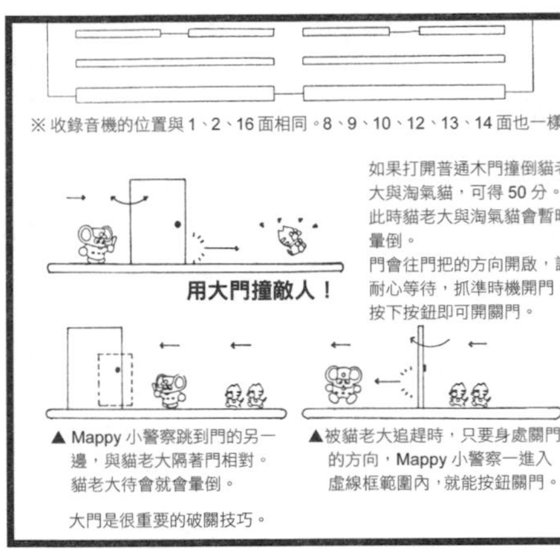
※ 收錄音機的位置與 1、2、16 面相同。8、9、10、12、13、14 面也一樣。
如果打開普通木門撞倒貓老大與淘氣貓，可得 50 分。此時貓老大與淘氣貓會暫時暈倒。
門會往門把的方向開啟，請耐心等待，抓準時機開門。按下按鈕即可開關門。
用大門撞敵人！
▲ Mappy 小警察跳到門的另一邊，與貓老大隔著門相對。貓老大待會就會暈倒。
▲被貓老大追趕時，只要身處關門的方向，Mappy 小警察一進入虛線框範圍內，就能按鈕關門。
大門是很重要的破關技巧。

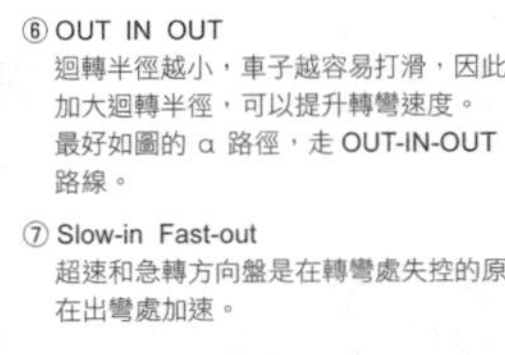
⑥ OUT IN OUT
迴轉半徑越小，車子越容易打滑，因此加大迴轉半徑，可以提升轉彎速度。
最好如圖的 α 路徑，走 OUT-IN-OUT 路線。

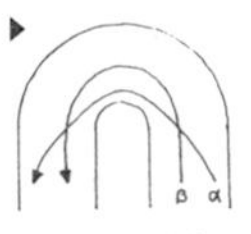
β α

⑦ Slow-in Fast-out
超速和急轉方向盤是在轉彎處失控的原因，進入彎道時要減速，在出彎處加速。

PASSING BONUS 50×75
TIME BONUS 200×00

抵達終點時，會有一位可愛的女孩為你揮動可愛的○○○，拿著方格旗迎接你。唯有抵達終點的玩家才能體會這種快感……♡

※ 咚、咚　　※ 咻、咻

媽，要再快一點！
サッ
玩家同好都在等下一期出刊呢！
トン
トン
好，別急，我知道了。
サッ
哥，訂書針用完了！

最近收到好幾封讀者來信，
大家都說我的遊戲解說簡單明瞭，還給了不少有用的建議。
這代表大家都知道遊戲的資訊。

透過《Game Freak》這本雜誌……
田尻智成為全日本遊戲玩家耳熟能詳的名字。

在某個地方有一位每個月等著購買小智最新一期雜誌的少年……

究竟誰會買內容這麼專業的遊戲攻略本？

杉森建
日後負責製作包括寶可夢在內的Game Freak 遊戲軟體登場人物角色設計的遊戲設計師。

我想只有「我」了♥

ふふふ…

※呵呵呵……

好不容易才等到有人出攻略本。
話說回來，如果裡面的插圖能再精緻一點就好了……
杉森從小就很會畫漫畫。

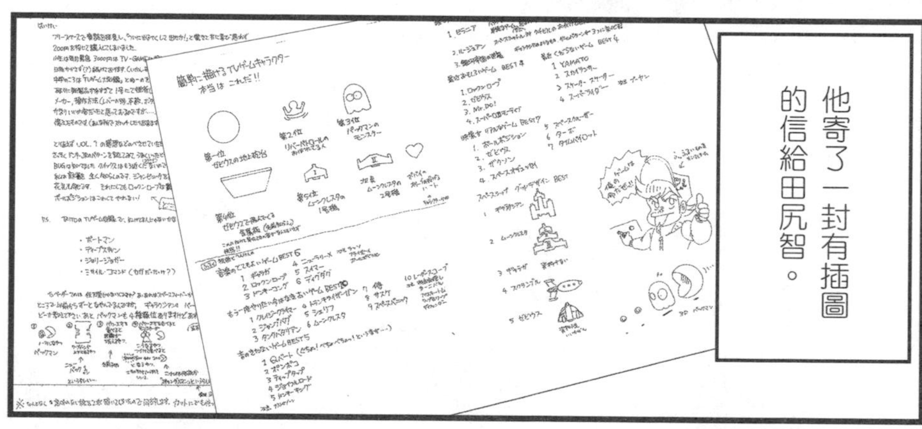

他寄了一封有插圖的信給田尻智。

哇！插圖畫得真好！
到底是什麼樣的人才能畫出這麼棒的插圖？
我要在信中告訴他，「下次有機會一定要見面！」……
小智立刻提筆回信，和他約好下次見面的事宜。

＊晴海：曾位於東京都中央區晴海的活動會場「東京國際貿易展覽館」之俗稱。

小智與杉森相約在晴海＊的
大型電玩展示會＊見面，
兩人十分投緣，
小智立刻邀請杉森
一起製作《Game Freak》。

namco
15
GAME FREAK
SPECIAL MAGAZINE OF VIDEO GAME
小智的文章
加上杉森的插圖，
使得《Game Freak》越來越
有規模，內容也更正式。

隨著執筆陣容
越來越龐大，

隨後出刊的臨時增刊號
《鐵板陣一萬點的破解法》
大受好評，
熱賣了一萬本以上。

有一天
小建，
你高中畢業後
打算做什麼？
爸爸！

你每天都在畫畫，
不打算
上大學了嗎？
……

＊大型電玩展示會：Amusement Machine Show，簡稱 AM SHOW。電子遊樂場專用的街機展示會，現稱為 Japan Amusement Expo。

最後杉森搬出家裡，
來到小智老家的附近，
展開一個人的生活。
於是……

哎呀，
小心……

杉森，
快開門！

※哈哈哈

小智？
你拿的是
什麼東西？
這是我從
家裡搬來的。

ははは
從今天起，
你住的地方就是
《Game Freak》編輯部。

這下子真的搞不清楚
這裡是誰家了……
不是啦，
在你這裡
不必擔心
家人，
比較自在。
哈哈哈哈
小智和杉森除了
假日到電子遊樂場之外，
其他時間幾乎都待在
杉森租的房子
編輯出版《Game Freak》。

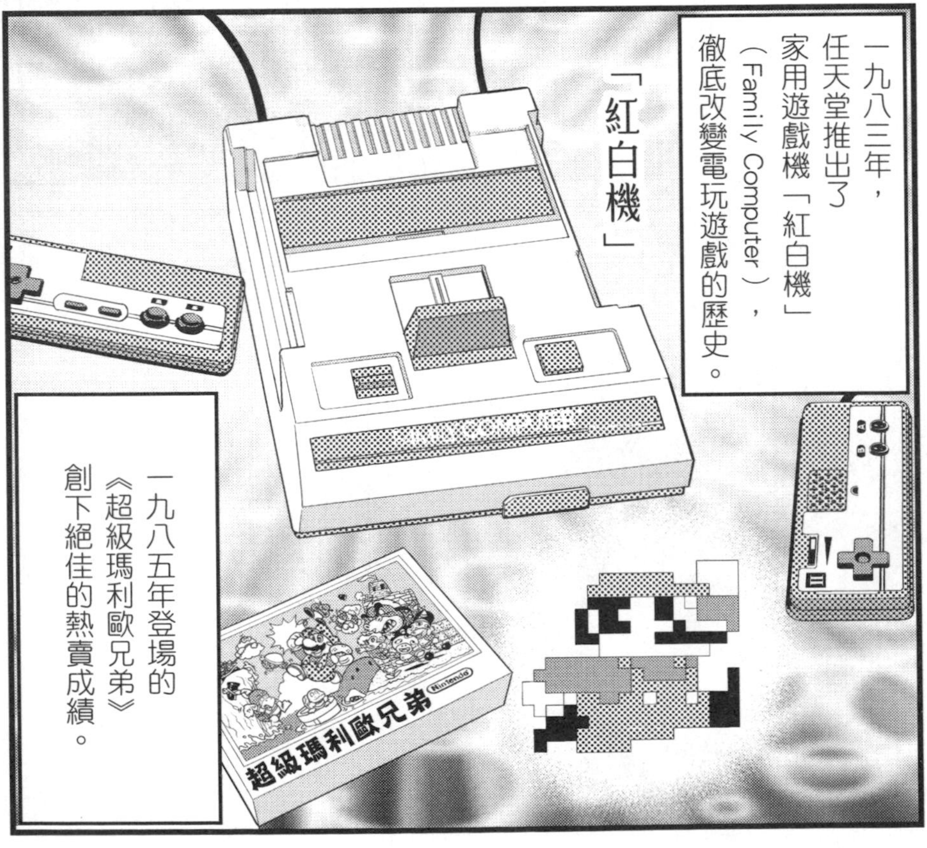

一九八三年，
任天堂推出了
家用遊戲機「紅白機」
（Family Computer），
徹底改變電玩遊戲的歷史。

「紅白機」

超級瑪利歐兄弟

Nintendo

一九八五年登場的
《超級瑪利歐兄弟》
創下絕佳的熱賣成績。

※ 窸窣、窸窣
ゴソ
ゴソ
小智，電線接好了嗎？
好期待喔，好想趕快玩到……
※ 喀嚓
カチッ
好了，開始吧！
我要按下開關了，開始囉！

※ 鏘～鏘♪
※ 鏘～鏘啦啦啦
※ 鏘～鏘～♪

※ 咚～鏘鈴！
哇——好酷喔！
ボヨン
チャリン
瑪利歐出現在電視上了！

以前我們想玩熱門遊戲，必須去電子遊樂場，還要花錢才能玩，沒想到現在……
鏘鈴！鏘鈴！

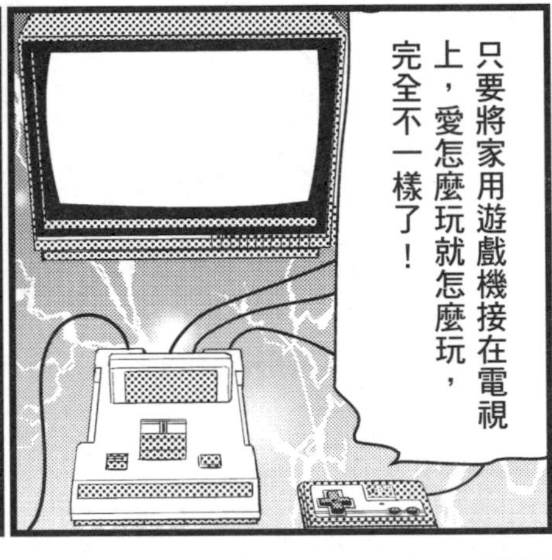
只要將家用遊戲機接在電視上，愛怎麼玩就怎麼玩，完全不一樣了！

而且只要更換不同的ROM卡匣*，就能玩各種不同的遊戲！

*ROM卡匣：記錄儲存電子遊戲應用程式資料的卡匣。

這個新的家用紅白機有利於我們推出「自己的遊戲」……
而且紅白機現在已經深入每個家庭，這代表有這麼多人在玩電玩遊戲！我的夢想一定能實現！
企劃書
《暗夜的烏鴉》
企劃書
《彈簧異行者》
田尻智

對小智來說，紅白機的出現成為實現夢想的最大希望。

隨著家用遊戲機開始普及，
出版業界也陸續發行各種遊戲雜誌。
月刊ログイン
LOGiN
ファミコン通信
6月20日号
スーパーマリオブラザーズ2
いまだからあかす
グラディウスの謎

高專畢業的小智除了持續發行《Game Freak》，也以專業遊戲寫手*的身分

為許多電玩雜誌執筆，發表文章。

*遊戲寫手：介紹遊戲、撰寫攻略本和遊戲劇情等與遊戲相關文章的人。

＊下北澤：位在東京都世田谷區東北部。

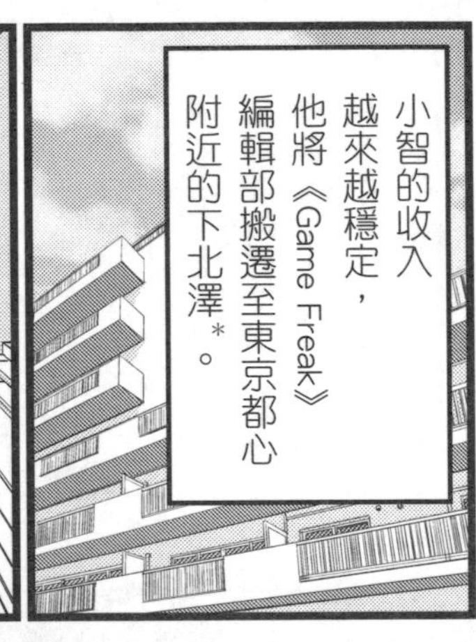

小智的收入
越來越穩定，
他將《Game Freak》
編輯部搬遷至東京都心
附近的下北澤＊。

有一天，他向
工作夥伴宣布了
一項消息。
各位，
請聽我說。

我覺得
我們應該要做
紅白機專用的
遊戲軟體。
各位覺得如何？

※耶！
ワアッ
這個點子好，
來做吧！

太棒了，
沒想到
我們竟然能做
遊戲軟體！
這下子可好玩了！

遊戲企劃
以田尻智為主，

人物設計
由杉森建負責。

團隊中，
雖然有擅長
程式設計的人，

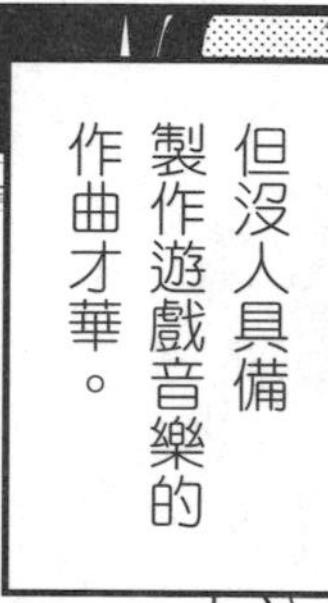

但沒人具備
製作遊戲音樂的
作曲才華。

於是田尻決定
招募會作曲的
工作夥伴。

我在專門學校
一邊學習ＣＧ*，
一邊利用資料輸入*的
方式作曲。

增田順一，
日後Game Freak公司的
開發本部長。

*ＣＧ(computer graphics)：指利用電腦繪出的圖像。

*資料輸入：本書指的利用滑鼠或電子樂器將音符一一輸入電腦中。

從這一刻起，田尻堅定的踏出實現夢想的第一步。

田尻智的「冷知識」專欄❷

【遊戲音樂】

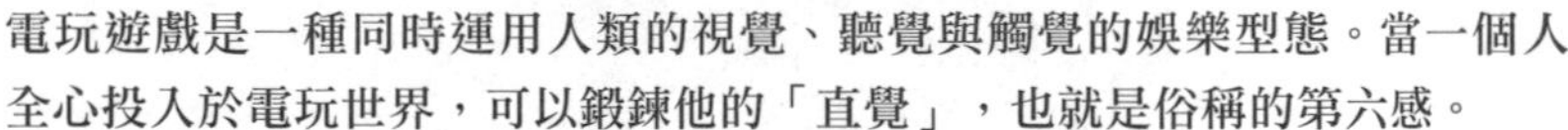

電玩遊戲是一種同時運用人類的視覺、聽覺與觸覺的娛樂型態。當一個人全心投入於電玩世界，可以鍛鍊他的「直覺」，也就是俗稱的第六感。

五感是開發電玩遊戲最重要的元素，其中尤以聽覺最為重要。無論是遊戲的音效，或是背景音樂，都能啟發玩家的想像力，加深玩家對遊戲的印象。有時閉上眼睛，腦海裡就會響起令人懷念的電玩音樂，各位是否也有過這樣的經驗？

我還在唸書的時候，曾經在半夜兩點*溜出家中，跑到電子遊樂場用收錄音機錄下電玩音樂。深夜的電子遊樂場幾乎沒有客人，我就將收錄音機放在機台喇叭前，錄下想錄的電玩音樂。雖然只是錄下音樂，卻有一種將機台帶回家的喜悅感。轉錄的音樂只有單聲道，不過聽起來很清晰。我有一些電玩同好也會轉錄遊戲音樂，大家經常交換錄音帶，彼此交流。

有一次我半夜偷溜出去被抓到，媽媽生氣罵我是「壞小孩」，但我還是樂此不疲。就像我小時候一頭栽進昆蟲採集一樣，《大金剛》、《小精靈》等遊戲也要從一開始玩到遊戲結束，從頭到尾採集一輪才回家。

日本的知名樂團 YMO（黃種魔法大樂團）團長細野晴臣製作的《電玩音樂》（Video Game Music）專輯，是全世界第一張電玩音樂原聲帶。完美結合電子遊樂場的喧鬧聲和遊戲機台的效果音，如今聽來仍然能讓人想起那個年代在電子遊樂場打電動的興奮感。這張專輯更邀請了《鐵板陣》開發者遠藤雅伸協助製作音源，這是我一生中相當珍惜的專輯之一。

VIDEO GAME MUSIC

▲細野晴臣《電玩音樂》專輯封面照片，當時推出的不是 CD，而是黑膠唱片（LP）。

＊現行的日本法律規定電子遊樂場深夜零時到清晨六時不可營業，但當時可以營業。

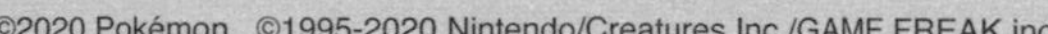

關於自製遊戲，
你們覺得
做什麼樣的遊戲
比較好？

當然要做
我們自己都想玩的
遊戲囉！

這樣的遊戲
才是「好遊戲」！

第三章
素人集團的苦戰！首次製作遊戲

「好遊戲」？
我們都是熱愛遊戲的玩家，過去也玩過各式各樣的電玩遊戲。
有些覺得很好玩，有些差強人意，甚至還為電玩遊戲排名。

就算是好玩的遊戲，
也有分超級好玩、
有點好玩，
以及還算可以
的等級分類。

就是說啊！
相反的，
不好玩的遊戲
也會被稱為
「劣質遊戲」。

我們一定要
創作出一個
自己也很想玩、
不玩絕不罷休的
超級好玩遊戲！

小智發揮自己的領導力，
決定了遊戲的
製作方向，
工作夥伴們熱絡的
交換彼此的創意點子。

不過，正式開始製作遊戲之後，小智他們才發現一個嚴重的問題。

怎麼了？

嗯……

雖說我們要製作紅白機專用的電玩遊戲，但研究之後我發現製作難度很高……

製作紅白機專用遊戲軟體時，必須與硬體製造商*任天堂簽訂正式合約，
製作遊戲也必須添購各項昂貴的器材設備。
簽約
任天堂

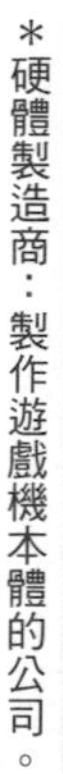
*硬體製造商：製作遊戲機本體的公司。

與任天堂簽約好像需要一大筆錢……

什麼？可是……
※驚
※騷動
ざわっ
我們哪有錢付給任天堂……

小智決定
不與任天堂簽約，
改採
「自主製作」的
模式設計遊戲。

自主製作？

沒錯，
我們先做好遊戲，
再向其他遊戲公司
提案簡報。
Game Freak
遊戲公司
自主製作
遊戲軟體
各位覺得
如何？
很好玩。
我們願意
發行！

如果其他遊戲公司
看上我們做的
電玩遊戲，
Game Freak
＋
遊戲公司
任天堂
再由那間公司
與任天堂簽約即可！
正式簽約
新軟體
發表
PAN!
PAN!

※砰！砰！

我們不賣
有趣的電玩遊戲，
而是自己做
好玩的電玩遊戲！
簡單來說，
創作遊戲內容
才是我們工作的
意義所在。

原來如此，
你說的對。

銷售的事
交給其他公司
去做就好了！

※ 苦思中……

話說回來，
製作遊戲的設計器材
要怎麼辦？
那些設備很貴耶！

むむ‥‥

沒問題，
我有辦法。

如果沒有設備，

那我們就自己做啊！

自……
自己做？

はっはっはっ
※哈哈哈

小智和夥伴們為了製作開發設備，
啊！好心疼喔……
紅白機被拆解了……
首先做的就是研究紅白機的內部結構。

＊CPU：相當於電腦大腦的零件。

CPU＊可說是啟動遊戲的大腦，紅白機用的是哪一種規格的CPU呢？

紅白機採用什麼樣的程式設計？又是如何運作的呢？

釐清一切後，田尻以便宜的價格購入程式設計需要的電腦，
アキバジャ

再跟朋友借二手機器，自己製作開發遊戲的設備。

※好耶！

完成了！這下子我們終於可以自己做遊戲了！
わぁあぁっ
太好了！

開發機器完備後，
小智和夥伴們
正式開始
開發電玩遊戲。

製作「好遊戲」的
夢想帶來的熱情，
讓所有的夥伴
齊心協力，努力工作。

忙碌的日子
一天天過去，
有一天……

不會吧？你還沒睡？
是啊，我在測試遊戲程式……

總覺得這個遊戲差強人意，不算有趣……
GAME OVER

※遊戲結束

這樣啊……

好不容易想出的點子，可惜了……
重做吧！
什麼？都做到這個程度了！

我們要不惜一切
修改有問題的地方，

無論絞盡多少腦汁，
都要修改到讓人覺得
好玩的程度。
呃……

※ 喔喔喔

如果
我們不願
付出代價，

我們的遊戲就會
變成「劣質遊戲」喔！
ズゥウウ
ウーン

※ 火力全開

我……
我才不要做出
劣質遊戲！
クソゲー
※劣質遊戲、劣質遊戲……

如此一來，我們的
努力都付諸流水！
オオオオン
可惡！
到底哪裡
不好玩？
ワァアアアッ
我們
從頭開始
檢視一遍吧！

※ 不不不不不

工作夥伴們以行動支持小智專注追求、將一件事做到極致的態度。

小智一直記得「新遊戲」必須使用「新動詞」這個觀念，

這是他在國中時發現的熱門遊戲原理與架構。

小精靈要「吃」豆子，

打氣人要「挖」洞，

超級瑪利歐要「踩扁」敵人。

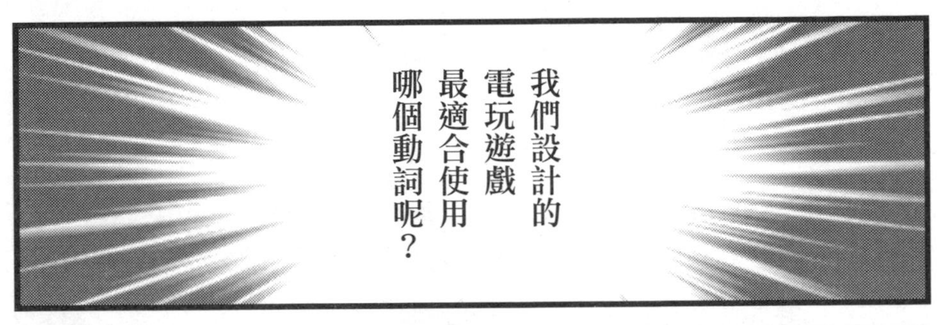
我們設計的
電玩遊戲
最適合使用
哪個動詞呢？

走路……
不對……

笑……
也不是
這個……

煩惱……
…那是形容
我自己的動詞…

思索新遊戲的
「新動詞」，
動詞
……
動詞
……
成為小智當前
最大的煩惱。
新動詞
……

※啪啦
パラッ
咦？

※啪啦
パラッ
「翻」書……
「翻」資料？

※啪啦、啪啦、啪啦
翻……
翻……
パラッ
パラッ
パラッ
沒錯！

※哇哈哈哈哈

わははは

怎麼了？
到底發生了
什麼事？

翻了之後，
接下來
會出現
什麼？

這個想法
太有趣了！

Quinty

後來決定
以「翻」這個動詞
為關鍵字，

完成了 Game Freak
首次自主製作的遊戲
軟體《解謎大作戰》！

namcot
クインティ
Quinty

《解謎大作戰》
當敵人來襲時，主角
只要翻起敵人腳下的
地板，就能擊退敵人

我們自己做的電玩遊戲……
成品就在眼前！

※握手

太感動了……

做好的《解謎大作戰》決定由遊戲公司「南夢宮」正式發售。
namco

這款遊戲創下超過二十萬套的銷售佳績，躋身暢銷軟體之列。

小智獲得販售《解謎大作戰》的版稅＊收入五千萬日圓。
哇……
我從沒看過這麼大筆錢……
¥50.000.000
關於這筆錢的分配方式，小智有自己的想法。

如果現在平分掉這筆錢，我們的努力就到此畫下了句點。
如此一來未免有些可惜……
我在想，若是將這筆錢轉成資金，我們一起成立公司，接下來就可以繼續製作新遊戲了。
大家覺得如何？

呃……
要玩這麼大啊？

大家不同意嗎？

ワァッ
※哇！
好耶！我贊成！
我們一起成立公司，以後繼續做電玩遊戲吧！
你們……

＊版稅：發行公司支付給遊戲或漫畫等創作者的版權使用費。

剛開始只是一群
熱愛電玩遊戲的
素人，
現在以團隊名字
作為公司名，成立
Game Freak 株式會社。
大家一起製作出
有趣好玩的
新遊戲！

田尻智的「冷知識」專欄❸

【Comike】

各位聽過 Comike 嗎？ Comike 的正式名稱為「Comic Market」，是每年於夏冬兩季舉辦的世界最大同人誌即賣會。夏季舉行的叫作「夏 Comi」，冬季舉行的叫作「冬 Comi」。

在為期三天的活動期間，會有來自全日本將近 60 萬的電玩與動漫愛好者。動員能力十分驚人，近年也有不少從世界各地前來共襄盛舉的同好。

同人誌指的是非大型出版社發行的書籍，而且是由個人或小型團體根據自己喜好製作的作品。大家都將自己製作的書，拿到 Comike 販售。

這裡有許多普通書店不會販售的書籍，包括諧擬知名漫畫家的作品、透過文章分集闡述在電視上播放的怪獸節目或動漫節目的「解說本」，還有分析一般人不知道的漫畫世界，例如以「香港漫畫」為主的解說類書籍。

在 Comike 打響名號的同人誌，也能在同人誌專賣店買到。我就常去秋葉原的同人誌專賣店。

最近我迷上了復刻第二次世界大戰軍事手冊的書籍，像是《美軍登陸戰法》、由日本陸軍大將撰寫的《機械化兵器讀本》等，都是值得一讀的作品。此外，《艦隊收藏》（艦隊 Collection）之類的遊戲也頗受歡迎，越來越多人因為電玩而對歷史感興趣。

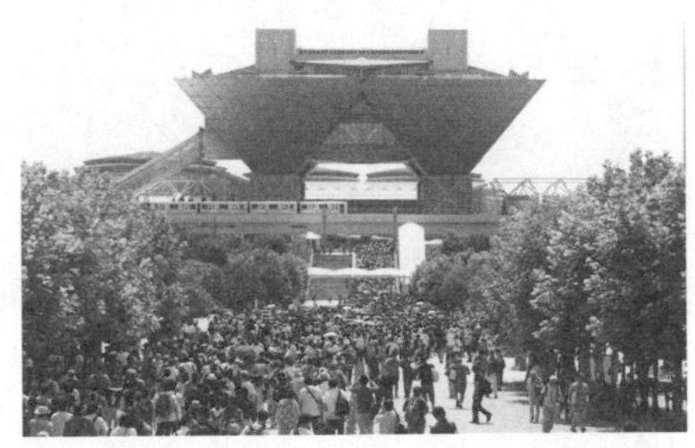

▲ Comike 會場實況，在大型會場東京國際展示場（東京 Big Sight）舉辦的 Comike，湧進了多達 60 萬民眾前來朝聖。（東京都江東區）

不只是一般素人，就連專業的漫畫家有時也會推出諧擬的同人誌。大家常常說日本出版界景氣不佳，死氣沉沉，但是 Comike 的力量看來仍將越來越強大。

第四章

社會波瀾與寶可夢萌芽

由小智領軍的Game Freak工作夥伴，原本都只是遊戲業界的業餘玩家，

企劃書
《史萊姆大冒險》
Game Freak
株式會社

企劃書
《耀西的蛋》
Game Freak
株式會社

企劃書

如今他們以遊戲製作公司之姿完成了許多作品。

那個案子現在怎麼樣？

我現在才要開始做。

你那邊進度如何？

應該還要半天……

現在這麼忙，如果要同時完成多項工作，
嗯……
必須在公司內架設「工作站」才行。
!

工作站（Workstation）是為了管理各種作業用個人電腦所設置的大型電腦，

NEWS

當時的價格高達三百萬日圓，可說是十分昂貴的工作設備。

為此，小智向租賃公司*提出租借工作站的申請。
※銳利
您好！
GAME FREAK
請問這裡是Game Freak公司嗎？

*租賃公司：與公司或個人簽訂長期合約，出租影印機、電腦等昂貴設備。好處在於只需支付低廉金額，就能租借售價昂貴的設備。

我來向
貴公司說明
租借契約……
契約說明書

吸吸～
呵啊～

※凌亂不堪

ゴチャ
這是哪門子的
工作場所？

你好，
這裡就是
Game Freak。
不好意思，
讓您
久等了……
我們是一家製作
電玩遊戲的公司。

嗯……
辦公室看起來
凌亂不堪，
說不定哪天
說倒就倒，
連夜逃亡……

很抱歉，請容我撤回這次的合約。

真的很抱歉！

什麼？

※狂奔

怎麼……怎麼會這樣……

我們真的很需要工作站～

怎麼搞的？沒人把我們當一回事。
雖然我們公司看起來確實很寒酸……
……

可惡，總有一天我一定會在那家租賃公司的隔壁蓋一棟大樓，給他們好看！
哇哈哈哈
租賃公司

※咚！

Game Freak永遠以最認真的態度面對工作，花多少錢都在所不惜……
どどんっ
遭受極大羞辱的田尻，幾天後捧著大筆現金添購工作站。

※驚呆……

某一天的早上。
大家早安！

ポカン…

社長，你今天怎麼了？
ワイワイ
要去吃喜酒嗎？

※騷動、騷動

各位聽我說，
我們是為了製作
自己喜歡的遊戲
而成立公司，

不過，
無論我們多有才華，
都沒人要相信
不修邊幅的年輕人。

既然如此，
我們應該穿上
大人們認可的服裝，
裝出「大人的模樣」，
展現獨當一面的
感覺！

*出勤紀錄：上下班的時間紀錄。

當然，
我們決勝的舞台
還是遊戲製作。

從今天開始，我們
每天都要打卡做
出勤紀錄*，
而且每週大掃除一次，
整理工作環境。

※哈哈哈

怎麼樣？
這個點子不錯吧？
ははは
……

這種感覺好像上班族喔……
我一大早根本沒幹勁……

……

看來還是不行……
過去一直在自由環境中工作的夥伴，對於小智突如其來的改變感到驚訝，有些人甚至覺得痛苦。

不過，
身為社長的田尻
並未強迫所有夥伴
穿西裝，
反而身體力行，
每天穿西裝，
撐起公司的顏面。

很好，
就是那裡！
啊！
好可惜！
GAME FREAK

※喔喔！

社長，我們正在
測試製作中的
遊戲。
オオーッ
這樣
啊……

儘管 Game Freak
公司的營運
已經上軌道，
但小智不因此
感到滿足。
我們
應該還能
做出更有趣的
遊戲才對……

一九八九年
發生了一件事，
開啟了小智遊戲事業
的另一扇大門。

那就是任天堂
推出了掌上型遊戲機
「Game Boy」。

Nintendo GAME BOY

趕快通知所有人
到會議室開會！

怎麼了？

發生什麼事？

ダダダァ

※噠噠噠噠

這款掌上型遊戲機
Game Boy裡，
搭載了前所未有的
新功能！

什麼新功能？

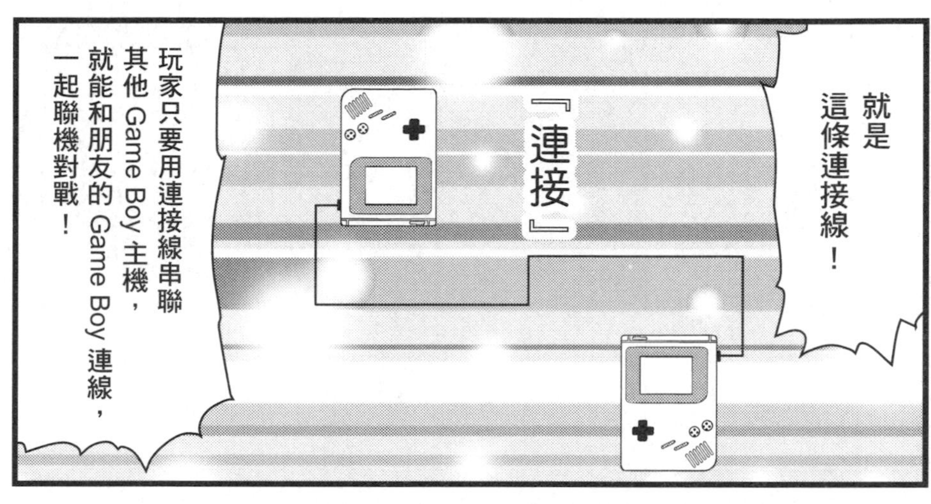
就是
這條連接線！
『連接』
玩家只要用連接線串聯
其他 Game Boy 主機，
就能和朋友的 Game Boy 連線，
一起聯機對戰！

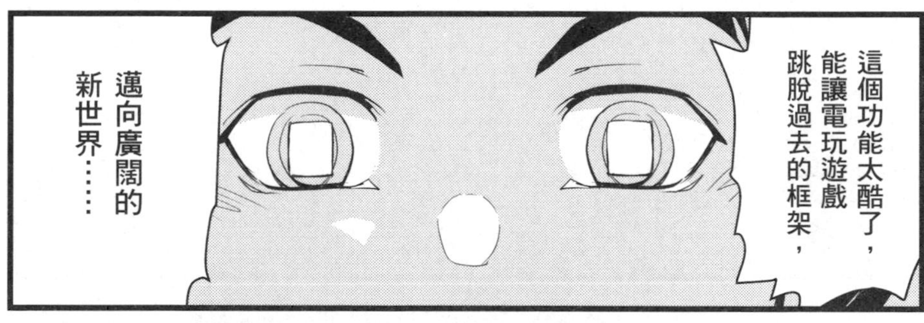
這個功能太酷了，
能讓電玩遊戲
跳脫過去的框架，
邁向廣闊的
新世界……

這條連接線
打開了電玩遊戲的
無限可能！

可惜田尻期待的
可能性並未實現，
打破框架的新型態
電玩遊戲
遲遲未登場。

之後推出的遊戲軟體
全都是利用連接線
交換資料的對戰遊戲，
並未拓展出更寬廣的
遊戲世界。

我贏了！

我輸了……

雖然連接線是讓
對戰遊戲變更有趣的
一種新功能，

但連接線的
可能性不只如此，
應該還有更多。
該怎麼做才能
進一步擴展
電玩遊戲的世界？

小智回想起
以前和杉森每天玩
人氣RPG＊
《勇者鬥惡龍Ⅱ》＊時
發生的一段小插曲。

我一直都拿不到
「神奇帽子」道具，
我已經玩了
好幾天……

呵呵呵，
我有兩頂
神奇帽子喔。

※啊啊啊啊

什麼？
給我一頂！
我用其他道具
跟你換！
ははは
根本沒有交換
道具的功能啊！
ざーんねん!!
田尻想起當時那種
不甘心的感覺，
萌生了「交換」
的點子。
可惡！

※可惜啊！

＊RPG(Role-Playing Game)：角色扮演遊戲。意指玩家扮演虛擬人物，透過冒險、探索、戰鬥等方式達成目標的遊戲型態。

＊《勇者鬥惡龍Ⅱ》：艾尼克斯（現為史克威爾艾尼克斯）於一九八七年發行的紅白機電玩遊戲軟體。

對，「交換」！
如果可以透過連接線「交換」道具的話，就能讓遊戲更好玩！

和學校同學互聯 Game Boy 交換道具。

同學又能和其他朋友交換其他道具，

朋友連接朋友，鄉鎮連接鄉鎮……
再從城市連接城市……

我們可以在
全日本建立起
交換的動態循環……

對了，如果要「交換」，比起道具，
「有生命的動物」絕對能讓遊戲更加有趣！

就像我小時候沉迷不已的……

小智，聽說你抓到了鋸鍬形蟲？

昆蟲採集！

我用獨角仙跟你換！

好啊！

※呵呵呵……

怎麼了？

小智嗎？
はは…
他一定想到什麼新點子了。

社長把自己關在辦公室裡，
不准我們進去……

從那天起，小智專心一致的動手寫企劃書。

到了晚上仍未停筆，一轉眼就熬了一夜。

呼……
太好了，
我寫完了。

《膠囊怪獸》

也就是之後改名為《寶可夢》的電玩遊戲企劃書。

Capsule Monsters™

GAME FREAK INC. 1990

企劃者 田尻智

主角為了尋找
未知的生物，
展開一段冒險之旅。
未知生物就在
廣闊原野的某處。
研究各種
生物的生態。
配合生活習性
嘗試各種捕獲方法。
飼養捕獲的
生物，
或做成標本。

想要自己沒有的生物，
就和朋友「交換」。

這個遊戲就是小時候我最喜歡的昆蟲採集。

那個自然環境豐沛的童年回憶！

小智立刻
帶著企劃書拜訪
任天堂對外窗口，
也就是
Creatures
株式會社＊。

利用連接線
「交換」寶可夢，
這想法很
有趣！
我一定會想辦法
讓你和任天堂
簽訂正式合約。
真的嗎？
Creatures 株式會社董事長兼社長　石原恆和
（現任董事長，也是株式會社寶可夢代表取締役社長）

任天堂

任天堂

小智如此年輕，
卻這麼有能力，
真不簡單。

這款遊戲只有
我們家的 Game Boy
才能做到。

任天堂株式會社情報開發課
代理課長　宮本茂
（現為創意研究員）

＊Creatures 株式會社：位於東京都千代田區，從事數位遊戲、卡片遊戲的企劃、開發與製作的公司。

最後
《膠囊怪獸》改名為
《寶可夢》，
膠囊怪獸
寶可夢
由任天堂、
Creatures、
Game Freak
三家公司
任天堂
Creatures
Game Freak
共同推出合作專案，
開始製作。

寶可夢

第五章　問題陸續發生

由三家公司合作推出的《寶可夢》專案確定之後，
寶可夢
Game Freak的工作夥伴開了好幾次會議，激盪出許多點子。

不行不行，寶可夢遊戲的核心

是透過連接線「交換」寶可夢。

不過，我們也不能做出「不交換就不好玩」的遊戲！

一定要做出「交換後更有趣」的電玩遊戲！

該怎麼做才能讓「交換」成為遊戲更好玩的關鍵呢？

小智一直在思考這個核心問題。

簡單來說，交換寶可夢是一種程式資料的交換，
但我不希望讓玩家有這種感覺。

※咚、咚

寶可夢活在Game Freak的世界之中。
哈囉，我在這裡喔！
Nintendo GAME BOY

就像我小時候採集的昆蟲一樣……
寶可夢是有生命的。

寶可夢是和玩家
一起從事偉大
冒險的夥伴，
交換讓玩家
和寶可夢分離，
一定會讓玩家
感到悲傷。
你要好好
愛護牠喔⋯

※起身

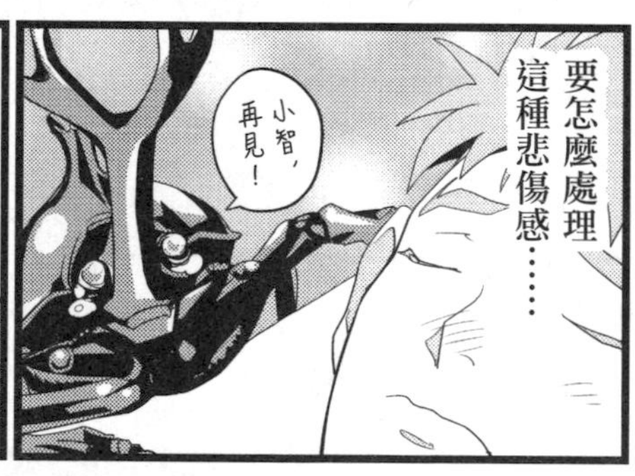
要怎麼處理
這種悲傷感⋯⋯
小智，
再見！

ガバッ
對了！

以動畫方式
來表現玩家與寶可夢
分離的悲傷情緒吧！
這個方式一定能
讓玩家對寶可夢產生
更親密的情感！

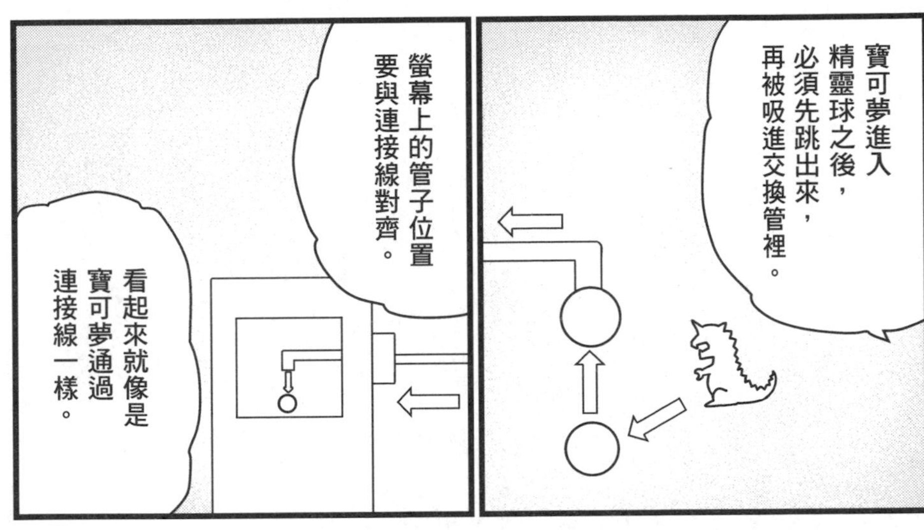
寶可夢進入
精靈球之後，
必須先跳出來，
再被吸進交換管裡。
螢幕上的管子位置
要與連接線對齊。
看起來就像是
寶可夢通過
連接線一樣。

寶可夢通過
連接線的過程中，
玩家可以聽到
寶可夢帶有
回音的叫聲，
感覺就像是
寶可夢捨不得
離開主人，
所以在哭泣。

※嗚嗚嗚嗚咽……

キュイイイン……

太讚了！
社長，
這個點子
真妙啊！

遊戲主角就住在現實世界中隨處可見的市郊地區，以住家為據點展開冒險。
只要走出居住的城鎮，就會看到廣闊的草叢、樹木、森林、河川，還有大海等自然環境。

這個世界上有許多城市鄉鎮，每個城市鄉鎮都是由國道連結著。
常青市
1
真新鎮
國道上還有標示下一個城鎮的標誌。

寶可夢們平時躲在草叢、洞窟或河川裡，
玩家只要去那些地方，就有可能遇到野生寶可夢。

遇到寶可夢後，玩家要與對方對戰。
打贏了就能獲得經驗值。

*分鏡圖：製作電影與動漫等影像作品前所繪製的場景草圖。

總設計師杉森畫了許多詳細的分鏡圖*，介紹寶可夢世界的整體意象。

你覺得如何？
這個嘛……

寶可夢不是人類的敵人，而是人類的夥伴。

不過，既然是怪獸，
外表應該很恐怖才對啊？
如果是夥伴，
人類就不需要
與牠們打一場了吧？

就像獅子或老虎，
野生寶可夢
也會攻擊人類。

此外，有些寶可夢
會與人類共存，
像寵物一樣
萌萌的。

像寵物一樣啊
……
沒錯，
就像小狗
或小貓。

飼主帶狗狗
出去散步時
……

！

！

※嗚……

ウ～～…

通常遇到
這種情形，
飼主會帶開
狗狗。

※去吧！

※汪汪汪

相反的，
若是飼主鼓勵
狗狗攻擊……
行けぇーっ!!
ウォォン

一場大戰
就此展開
……
他一個人在
笑什麼？

戰鬥畫面的設計
現在進行得
如何？
我想到
兩種模式。
我看看……

一種是從旁邊
看兩者的角度，
以及正面迎接
敵人的角度……
(a) 旁邊視角
(b) 正面視角
敵人出現了
這兩種都是
現有遊戲最常見的
對戰模式。

就像主人遛狗時，自己的狗狗突然與別人的狗狗起衝突，從主人視角看兩隻狗對戰的角度，你覺得如何？
……對戰的角度
カチ
カチッ

敵人出現了

這個……這個畫面很棒！
這個視角可以強調自己與寶可夢對戰的感覺，對吧？

寶可夢製作專案進行得很順利，
工作夥伴對於自己的工作也有強烈的光榮感。

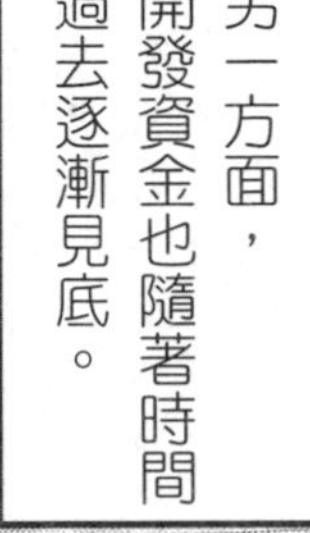
另一方面，
開發資金也隨著時間
過去逐漸見底。

可惡，
眼看遊戲
就快完成了……

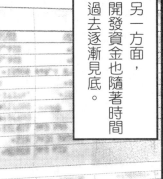

Game Freak
出版部
除了製作遊戲的
開發部之外，小智
還成立了出版部。

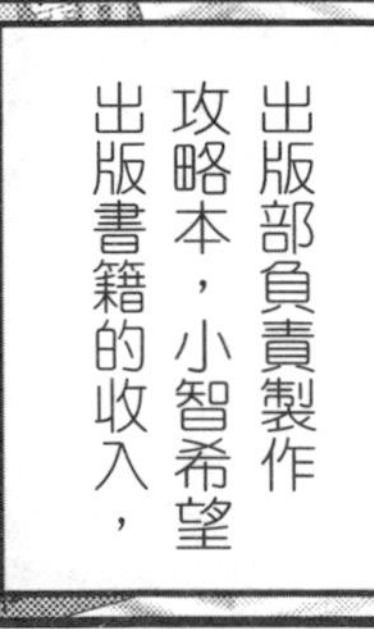

出版部負責製作
攻略本，小智希望
出版書籍的收入，
可以挹注遊戲製作
的資金。

除此之外，小智也
致力於可以短期
完成的遊戲開發，
希望維持穩定的
資金來源。
ヨッシーのたまご
Jerry Boy
SEGA

※喔耶！

おおおしっ!
太好了，現在可以全力開發寶可夢了！

但是，隨著工作量增加，工作夥伴的負擔也越來越重，
GAME FREAK
最後竟發生了最糟糕的狀況！

你……
你們說什麼!?

工作量太大，我們受不了了。
我們要辭職……
程式設計師

等一下，你們三個是
我們公司僅有的程式設計師啊！
要是你們都辭職了，寶可夢要怎麼辦？
求求你們，可以再考慮一下嗎？
小智的挽留並未成功，三位程式設計師最後還是離開了Game Freak……
※碰！
ガッ
可惡！

為什麼……
好不容易
努力到這裡，
為什麼要放棄？
※啪！

社長，
要不要聘請新的
程式設計師？

事情沒有
這麼簡單……
遊戲的程式
只有設計師本人
才搞得懂……
找新人進來
完全幫不上忙。

難道就這樣
放棄寶可夢了嗎？
……

……讓我
試試看吧！

增田！

我雖然負責製作音樂，但這幾年一直在研究遊戲，
也學了不少程式設計。

與其從外面找新手，讓我這個熟悉寶可夢的人來設計程式，
絕對比較實際！

更重要的是，
我最討厭中途放棄
做了一半的工作！
所以，
我一定會
完成寶可夢！

這家公司還有
另一位像田尻智
一樣的男人，
增田……
你願意
接手嗎？
認真做好每一件事，
一定要做到完美
才肯罷休的男人！
緊握

現在Game Freak最需要的
不是技術，
是邁向相同目標的
強烈意志！

沒多久，
Game Freak
又面臨了
更嚴峻的危機。

為了填補三名
程式設計師的空缺，
增田重新建構了
製作環境。
就在此時……

※噗咻……
怎麼了？
發生什麼事？
ぷすん…
工作站當機*了！
NEWS

什麼？
不會吧！

*當機：電腦出現無法讀寫資料的問題。

寶可夢所有的製作資料都存在工作站裡。
如果無法啟動工作站，過去完成的大量遊戲資料就會付諸流水……

工作站與一般的個人電腦不同，它使用的是特殊的UNIX系統，
一旦當機，公司裡沒人能修得好……

一波未平，一波又起……
現在該怎麼處理？

我現在就學UNIX系統，找出當機的原因。

擔任系統工程師的增田
日夜不休的
鑽研 UNIX 系統，
希望能早一刻
修復工作站。

增田，
加油……
現在
全靠你了
……

……

負責領導 Game Freak
圖像設計部門的杉森，
此時還不是正職員工。
杉森無法捨棄
成為漫畫家的夢想，
他一直是以
自由工作者的身分
協助 Game Freak……

Game Freak遭遇危機，
所有人齊心協力，
想要克服這次的難關。

於是，
杉森捨棄了成為
漫畫家的夢想，
決定成為Game Freak的
正職員工。
SHOP

我雖然是一名漫畫家，
但是更想成為
Game Freak的
工作夥伴。

克服了兩個
重大危機後，
小智他們終於開始
迎來順境。
GAME FREAK

有一天，
從任天堂收到一份
意想不到的禮物。
RRRRRR

我是田尻智，謝謝您平時的照顧。

關於寶可夢的企劃案，這款遊戲實在是太有意思了，
我想乾脆增加一點備份記憶體，你覺得怎樣？
任天堂　宮本茂

什麼？真的嗎？
太好了，真是太棒了，謝謝你！

多虧與 Game Freak 共同參與寶可夢專案的 Creatures 石原社長在幕後奔走，
小智才能獲得這個突如其來的禮物。
Creatures　石原恆和

原本的備份記憶體只能抓三十隻寶可夢，記憶體容量增加之後，

儲存30隻

增加容量！

儲存 240 隻

儲存量增至兩百四十隻，可完整收集遊戲中出現的一百五十一種寶可夢。＊

※哇哈哈哈

公司內部的氣氛變得十分熱絡，員工士氣高昂。
我說你啊，我真是看錯你了！
怎麼會投票給這麼噁心的傢伙啊！
わははは
社長喜歡昆蟲啊，而且目前還沒有毛毛蟲類型的寶可夢。

＊開發後期隨機存取記憶體（遊戲卡匣內儲存遊戲資料的部分）從 4Kb 增加到 32Kb，《ポケットモンスター 赤・緑（寶可夢 紅／綠）》共有 151 種寶可夢登場。

椰蛋樹

吉利蛋

皮皮

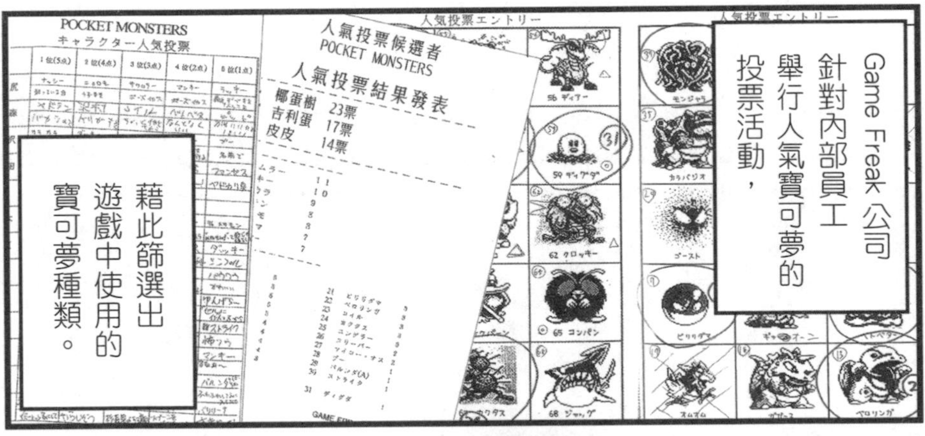
Game Freak 公司針對內部員工舉行人氣寶可夢的投票活動，
人気投票エントリー
人氣投票候選者
POCKET MONSTERS
人氣投票結果發表
椰蛋樹 23票
吉利蛋 17票
皮皮 14票
POCKET MONSTERS
キャラクター人気投票
藉此篩選出遊戲中使用的寶可夢種類。

總設計師杉森認為寶可夢雖是人類的好夥伴，卻也帶有強烈的怪獸印象。
因此，以實際生物為題材、較具親切感的寶可夢種類不多。
可以再畫可愛一點嗎？

於是小智又新聘了三名遊戲角色設計師，

希望可以擴展設計風格，為寶可夢世界增添多樣性。

我們公司……Game Freak 的規模越來越大了……
真希望全世界所有人都玩寶可夢遊戲的日子能早日到來……
對了！

為寶可夢
取名字吧！
啥？

不是已經有名字了嗎？
尼多朗
袋獸
呆殼獸…
不是這個，我是說讓玩家為寶可夢取一個自己喜歡的名字。
就像為自己的狗狗取名叫太郎、次郎啊！

舉例來說，皮卡丘是種族名，
種族名
皮卡丘
但自己的皮卡丘與其他玩家的皮卡丘不同，
命名「皮卡太郎」
所以玩家可以取名為皮卡太郎。

此外，如果將自己的皮卡丘換給別人，
那隻皮卡丘還是沿用原有的名字。

自己取名的皮卡丘
在不同玩家
交換的過程中，
皮卡太郎
有機會繞日本一圈，
走遍日本各地。
這個點子不是很酷嗎？

好酷喔！
這個點子好。
我贊成！
在交換的過程中，
有一天又回到
自己身邊。
ドッ…

※驚喜

在距離遊戲完成的
截止日兩週前，

對了，還要
加入「連線
對戰模式」！

小智突然決定
採用之前一直
保留不說的點子。

連線對戰！

連線對戰模式指的是
玩家可以透過連接線
與其他玩家串聯，
和自己的寶可夢對戰。

最後一刻
緊急追加的
連線對戰模式，

ゆけっ！ピカチュウ！

後來在「寶可夢聯盟」
大放異彩，
無論是電視轉播或在
活動會場上，都發揮了
最大的實物演示*效果。

*實物演示：透過實際使用的展演方式讓一般民眾了解廠商想推廣的內容。

田尻智的「冷知識」專欄④

【電子積木】

電玩遊戲是用電腦製作的，電腦是由電子迴路組合而成，利用機械進行計算與儲存記憶等作業。現在已經是電腦時代，各位家中的電子用品或汽車中也都有各式各樣的電腦。

我一開始對電子迴路感興趣，就是因為接觸了「電子積木」。電子積木指的是在方形電路板中組合各式電子零件，製成收音機、燈泡閃爍器或電子警報器等電子用品。

電子零件包括電晶體、電容器、電阻器等，配合電路圖將這些電子零件組裝在電路板上，就能做出想要的機器。不只組裝過程十分有趣，完成後成功發電或發出聲音，那種無可言喻的成就感更是令人笑逐顏開。

電子積木寓教於樂，可在開心玩樂中學習電腦原理，讓人想不斷嘗試，組裝出新的電子用品。其中最令我醉心的是「學研電子積木 SR-4A Deluxe」，我利用它做出了電晶體收音機、水位警報器、無線麥克風等用品。

電玩遊戲讓人玩得開心，但各位是否曾經想過，為什麼按個按鈕遊戲角色就會動？為什麼機器會發出遊戲角色的聲音？仔細想想，真的很神奇，就算將遊戲機拆了也無法一探究竟。想知道這些問題的答案，就從了解電子迴路的組成開始。相信各位一定能找到與電玩遊戲截然不同的新奇樂趣。

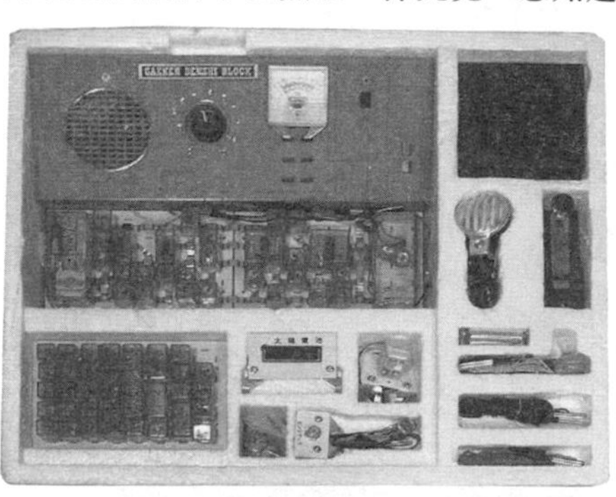
GAKKEN DENSHI BLOCK

▲學研電子積木「SR-4A Deluxe」。將各式零件做成積木狀，用來製成電子用品。只要變換組裝方式，就能學會收音機、麥克風等各種機械結構。

年輕人最大的特色就是對所有事物感受到「神奇之處」，我也是抱持著不可思議的想法，一邊學習電子迴路，成為一名遊戲設計師。想自行設計電玩遊戲的朋友，不妨也試著從接觸電子積木邁出第一步。

第六章　寶可夢誕生！

從寶可夢的合作專案正式啟動開始，已過了漫長的六年，

小智終於完成了寶可夢的試作品*。

*試作品：在遊戲正式商品化之前提供試玩的樣品。

為了確認遊戲的完成度，小智親自將試作品送給製作人石原社長。

費盡了一切心力……終於完成了這款遊戲。

不料幾天後，
石原社長打了
一通電話給小智，
說出一項驚人事實。

小智，我玩了遊戲之後，
發現完全看不懂
你想要表達的意思。
什麼！

基本上，
遊戲的大框架
沒問題。
不過，
既然遊戲有劇情發展，
就應該在劇情中
融入一些主題，
或是遊戲製作方想要
傳達給玩家的想法。
我在你的遊戲裡
看不到這一點。

你要不要再重寫一次
劇情架構？
……好，
我知道
了。

小智，你的
臉色不太對勁，
發生什麼事了？

石原社長
說的對，
我無話
可說……

我對遊戲創意
充滿信心……
但不可否認的，
我確實也覺得
有些地方
不夠好。
即使如此，
我已使出
渾身解數，
毫無保留……

過去這六年，
我到底在幹什麼!?

田尻無法抬起頭來
看著自己的
工作夥伴——
他的心中滿是愧疚，
覺得自己沒資格
面對他們——

再這樣下去，
大家過去的付出
與辛苦就會
付諸流水……

想當年，
程式設計師辭職，
公司搖搖欲墜，

是增田
挺身而出穩住
局面……

杉森用盡
一切努力，
為寶可夢注入
生命……

沒錯……
現在的我
哪有藉口
不努力！

想通了之後，小智開始努力工作，埋頭撰寫新的劇情架構。
他已經下定決心，打算獨力重寫遊戲的劇情架構，所有後果由他承擔。

我想透過寶可夢
遊戲傳達什麼
訊息？
我為什麼
要做這款遊戲？

小智回顧
自己一路走來的
人生軌跡。
他想起了
過去人生中
遇到的每一個人。

他想起自己努力
鑽研捕捉鍬形蟲
的方法，最後成功
抓到的興奮感，
還有第一次
讓鍬形蟲順利
越冬的成就感。

玩寶可夢的時候，每一刻都刺激著玩家的求知慾與好奇心。

這款遊戲有寶可夢，還有與寶可夢共存的人類，讓遊戲本身變得更加有趣，這一點無庸置疑。

對，我應該要突顯在遊戲中與寶可夢共生共存的「人類」意象！

玩寶可夢的玩家不只因為打電動感到開心，
玩家本身也會隨著劇情發展成長，這就是我要的劇情！

小智每天日以繼夜，
不眠不休的花了半年，
才完成新的劇情架構。

耗盡了能力與體力，
他的生活只有寶可夢。
寶可夢
正因如此，
小智徹底提升了
寶可夢遊戲的完成度。

一九九六年
二月二十七日，
《寶可夢》正式發售。

ポケットモンスター
POCKET MONSTERS
Red Version
©1995 GAME FREAK Inc.

發售首日的早上——
早安，所有人都來了嗎？
馬上就要開門了。
ゲーム・ソフト・おもちゃ・写真用品
不曉得那些小朋友會不會買寶可夢？
嗯…
※嘎啦、嘎啦、嘎啦
ガラ
ガラ
ガラ
讓大家久等了。
現在開始營業。
※哇！
ワアッ
※騷動、騷動
ワイ
ワイ
紅與綠，你要買哪一個？
我要買綠！
我要紅！

《寶可夢》一上市就推出「紅」、「綠」兩款遊戲。
由於兩款遊戲出現的寶可夢略有不同，因此消費者從「該買紅或綠」的選擇開始，就已經進入遊戲之中。
Nintendo
GAME BOY
POCKET MONSTERS

你們看，那些小朋友真的買了寶可夢……
他們看起來好開心啊！

寶可夢已經
成為大家的
寶可夢了！

《寶可夢》開賣當天，
紅與綠兩個版本的
銷售數量總計
約十三萬套。

隨著時間過去，
銷售熱潮
依舊未退，

後來還推出了
藍、皮卡丘、金、銀、
水晶等版本，
全球銷售量約七千六百萬套，
創下歷史性的銷售數字。

終章

小智著手進行寶可夢專案時，他的朋友曾經問他一個問題。
為什麼現在還要做Game Boy遊戲？
未來是圖像設計的時代，遊戲畫面越來越精彩，黑白色調的液晶螢幕已經落伍了。

漂亮的影像表現
對電玩遊戲來說確實很重要。

但對 Game Freak 來說，製作電玩遊戲，
就是要做「好玩的遊戲」。絕不是以「透過影像表現特色」為設計準則。

不追求透過影像表現特色，而是要做好玩的遊戲？
沒錯。

正因如此，就算是黑白畫面，就算使用粗糙的點狀圖，

對於想像力豐富的孩子們來說，
這樣的畫面已經足夠讓他們感受到一望無際的草原。
他們一定能感受到寶可夢棲息的草叢有多特別。

二〇一×年
某處公園
哇！
是波波！

※啪噠、啪噠…

那不是
寶可夢，
是麻雀喔！

パタ
パタ‥
波波！

※微笑

スゥ〜

你看，
我的紙飛機
很會飛耶！
嗯～
為什麼我的
飛不起來？

一定是
飛機的重心
太前面了。
這裡要
這樣折……

※咻～

好了，你丟丟看。
好……

ビュッ
※咻
嘿！

成功了！
ワァァ..
※哇啊啊啊

小時候不顧一切追求到底的那種態度，讓我創作出了寶可夢。

有一天，你們一定也能做出自己的創作。
一個讓人產生興奮期待的心情，
能夠讓更多人連結在一起的作品。

寶可夢之父 田尻智 ………… 人物與時代

神奈川縣橫濱市港未來地區
舉辦的活動「皮卡丘大量發生中！」
照片為 2016 年的現場情景。

◉後記◉ 不斷思考「為什麼有趣？」的田尻智

任天堂株式會社 創意研究員[1]
宮本茂

一九九六年推出《寶可夢》的Game Boy專用遊戲軟體，不只深受日本人喜愛，也在全球掀起暢銷熱潮。到二〇一七年十一月為止，相關遊戲軟體在全世界總計熱賣三億套以上。這款經金氏世界紀錄[3]認證、創下電玩史上全球最暢銷紀錄的RPG電玩遊戲[4]系列的設計者，就是本書的主角田尻智。

◉小時候的經驗是創造《寶可夢》的原點

田尻智出生於一九六五年，小時候成長在自然環境豐富多元的東京都町田市。他熱愛採集昆蟲，喜歡與同好分享或交換捕捉到的昆蟲。聽他說起這段回憶我才恍然大悟，原來他小時候的經驗，正是《寶可夢》的原點。

宮本茂

1952 年 11 月 16 日生。
負責企劃與製作遊戲的遊戲製作人[2]。
代表作品為《超級瑪利歐》系列、《薩爾達傳說》系列、《大金剛》系列。

◉註釋

1 創意研究員：遊戲公司高層職務名稱的一種。

2 製作人：製作遊戲時，負責構思企劃，招集必要人員，預估預算的人。

3 金氏世界紀錄：英國金氏集團出版的《金氏世界紀錄大全》中收錄的世界紀錄。

4 電玩遊戲：透過電腦處理的電子遊戲，如電子遊樂場裡常見的大型電玩、Game Boy、任天堂我從以前就告訴那些長大後立志成為遊戲設計師[5]的孩子們，「天氣好的時候，要盡量出去玩」。當一個人懷抱著成為遊戲設計師的夢想，他不只要對遊戲感興趣，還要盡可能累積各種人生經驗。原因很簡單，當一個人只熱衷電玩，即使他很早就接受菁英教育，朝遊戲設計師的道路邁進，也無法創作出《寶可夢》這樣的遊戲。創造力最重要的關鍵在於，背後有多少人生經驗做後盾。人必須活動身體，親自去飛去跳，跌倒了才知道有多痛，談了戀愛才知道內心小鹿亂撞的感覺，這些都很重要。成為遊戲設計師的專業訓練，等到長大後再加強即可，重要的是，你必須不斷挑戰眼前的事物。田尻智小時候熱愛採集昆蟲，升上國中後熱衷電玩遊戲，所有的經驗都是他創造《寶可夢》最寶貴的資產。

●Game Boy特有的玩法

認識田尻智之前，他在一九八九年推出的紅白機遊戲軟體《解謎大作戰》就已經讓我大為驚喜。《解謎大作戰》是一款益智動作遊戲，玩家只要翻起敵人腳下的地板，就能擊退敵人。當時我對這款遊戲的評價很高，它精準打中人心，後

3DS、任天堂Switch、智慧型手機的遊戲app等，皆可稱為電玩遊戲。

5 遊戲設計師：從事遊戲企劃與製作的人。

來才發現原來這是由田尻領導的「Game Freak」團隊所設計的。我認為田尻在設計遊戲時不僅正視遊戲玩家的立場，也很重視讓更多人開心玩遊戲的製造方立場，這是他一直以來給我的印象。我也認為他是一個還會做出更多好玩遊戲的設計師。

後來Creatures株式會社的石原恆和社長介紹我與田尻認識，那天我們在京都吃飯，我鼓勵他「繼續努力」。當時田尻還和我談到「遊戲是動詞」。

那天過後沒多久，我收到《寶可夢》的企劃書，當時的標題還是《膠囊怪獸》。企劃書裡有一張圖，畫的是兩台用連接線串聯的Game Boy。遊戲機螢幕裡有Game Boy的圖像，一個膠囊通過連接線，進入對方的Game Boy機體。簡單說明遊戲架構，我一看就覺得很有意思，因為這個創意唯有Game Boy才能實現，其他硬體[6]絕對玩不成。我認為這是Game Boy特有的玩法。

當時Game Boy的製作人是我的老師橫井軍平[7]，於是我直接讓田尻與橫井先生接洽，我自己則暫時離開《寶可夢》合作專案。

我是在一九八九年拿到企劃書，但各位都知道《寶可夢》是在一九九六年發

6 硬體：在此意指遊戲機。

7 橫井軍平：任天堂開發第一部部長，開發 Game Boy 遊戲機的遊戲設計師。一九九七年逝世。

行，簡單來說，《寶可夢》花了很長時間才製作完成。不僅如此，在這段期間裡，田尻還在橫井先生旗下製作了《耀西的蛋》[8]、《瑪利歐與壞利歐》[9]等遊戲。我認為他在這些經驗中學會了將創意化為具體遊戲的技能。

我是在很久以後才回歸《寶可夢》合作專案，儘管身為遊戲製作人，其實我幾乎沒給田尻任何意見。這是因為田尻是個用盡全力、不斷思考「為什麼有趣」的人。而且他很清楚回顧自己小時候覺得有趣的事物，是創作好玩遊戲的關鍵。我百分之百相信田尻。偶爾會遇到有人稱呼我為「田尻的師父」，但我什麼也沒做，冠上這個名號讓我愧不敢當。

在《寶可夢》這個案子上，我做的掩護射擊大概只有增加備份記憶體這件事吧！記憶體在當時是很貴的零件，但我還是不計成本的砸錢下去。這個決定讓玩家可以抓到並收藏一百五十一種寶可夢（Gotta catch'em all!）[10]。此外，當時我們正在做任天堂64[11]，所以我也提議製作《ポケモンスタジアム（寶可夢競技場）》[12]，支援3D[13]圖像設計。

8《耀西的蛋》：一九九一年十二月發行的紅白機以及Game Boy遊戲軟體。耀西首次登場是在一九九〇年上市的超級任天堂遊戲軟體《超級瑪利歐世界》，他是瑪利歐的好朋友。這款是以耀西為主角的電玩遊戲。

9《瑪利歐與壞利歐》：一九九三年八月發售的超級任天堂滑鼠專用遊戲軟體。

10 Gotta catch'em all!：日本動漫用語「捕捉寶可夢吧！」的英文版，意思是「Gotta catch'em all!」的意思是「去捕捉所有的寶可夢吧！」

11任天堂64：一九九六年任天堂所推出的家用遊戲機，是超級任天堂的後繼機種。

◉想做一款名留青史的遊戲

在製作《寶可夢》的過程中，最讓我印象深刻的是接近完成的那個階段。田尻對我說：「我想超越瑪利歐[14]。我想做的不是新遊戲或舊遊戲，而是一款具有普遍性，可以名留青史的遊戲。」這樣的遊戲可遇不可求，但如果不設定遠大目標，就永遠不可能遇到名留青史的遊戲。正因為田尻追求的是具有普遍性的遊戲，才能創作出《寶可夢》。

田尻說的話讓我靈光一閃。其實當初未曾想過要推出《ポケットモンスター赤・綠（寶可夢 紅／綠）》兩個版本，只打算推出一個版本，但我想添加一點變數。《寶可夢》有趣的原點在於玩家可以捕捉並交換寶可夢，如果玩家遇到的寶可夢有版本差異，玩家一定會更想與朋友交換，遊戲也會更有趣。因此我們想出「遊戲從選擇軟體版本開始」的廣告標語，最初做的是紅、綠、藍三色版本，最後鎖定兩款。原本要發行的是紅與藍，卻因為妙蛙花這個角色做得太好了，最終決定發售紅與綠。雖然水箭龜代表的藍版在最後一刻落選，但在紅版和綠版發行的同一年稍晚，任天堂也推出了《ポケットモンスター 青（寶可夢藍）》。

12《寶可夢競技場》：一九九八年八月發售的任天堂64遊戲軟體，特色在於強化寶可夢系統的「連線對戰」。

13 3D：三次元立體電腦圖像。

14 瑪利歐：此處指的是《超級瑪利歐》系列。

◉單打獨鬥無法做出遊戲

我利用前面的篇幅說明了《寶可夢》的誕生過程，田尻的創意與努力不懈的態度，絕對是成功關鍵。但是千萬別忘了，無論一個人多有才華，單打獨鬥也無法做出遊戲。田尻的身邊有許多夥伴，包括杉森建、增田順一等，他們可以互相激盪出彼此最大的實力。正因為有如此緊密結合的團隊，才能夠創造出《寶可夢》。

最後，同為遊戲設計師，看在別人眼中，可能以為我和田尻屬於競爭關係。但我從未將田尻視為對手，我們都想做出有趣的作品，我認為我們是擁有相同志向、懷抱相同夢想、經歷過相同經驗的同行。衷心期待田尻能善用目前仍沉睡在內心深處的人生經驗，創作出令人驚豔的全新作品。

※此處註釋的資訊皆為二〇一七年三月底的資料，引自「株式會社寶可夢」官網：
http://www.pokemon.co.jp/corporate/data/

※金氏世界紀錄
http://www.guinnessworldrecords.jp/news/2016/7/pokemon-records-436807

年表

田尻智的人生軌跡

西元	年齡	田尻智與《寶可夢》的軌跡
1965年	0	八月二十八日出生於東京都世田谷區，後來和家人搬到東京都町田市居住。
1972年	7	就讀小學，熱愛採集昆蟲。
1977年	12	受到級任導師授課風格影響，對於自己感興趣的事物，養成了盡全力鑽研的習慣。不只是採集昆蟲，他也喜歡飼養與觀察生物。
1978年	13	就讀國中。熱愛太東株式會社的大型電玩《太空侵略者》。
1980年	15	迷上大型電玩《小蜜蜂》、《小精靈》。以遊戲創意案《暗夜的烏鴉》報名參加環球公司（現為環球娛樂公司）主辦的電玩遊戲創意比賽，可惜最後落選。
1981年	16	進入國立東京工業高等專門學校就讀。以《彈簧異行者》報名參加 SEGA 企業（以下稱為 SEGA）主辦的遊戲比賽，榮獲第一名，成為 SEGA 的外部創意

日本遊戲的歷史

1963年 日本第一個遊戲展示會「Amusement Machine Show」登場。

1978年 太東推出大型電玩《太空侵略者》，大受歡迎。

太空侵略者

1979年 南夢宮株式會社（以下稱為南夢宮）推出大型電玩遊戲《小蜜蜂》。

1980年 南夢宮推出大型電玩遊戲《小精靈》。

任天堂株式會社（以下稱為任天堂）推出攜帶型遊戲機「Game & Watch」。

1983年 任天堂推出家用遊戲機「紅白機」（Family Computer，簡稱 Famicom）。

日本與世界的歷史事件

1965年 新加坡脫離馬來西亞，成為獨立國家。

1966年 中國開始文化大革命。

1970年 大阪萬國博覽會開幕。

1972年 日本從美國手中收回沖繩。

1978年 簽訂中日和平友好條約。

年	年齡	事蹟
		員工。
1983年	18	同人誌《Game Freak》創刊。
1984年	19	透過《Game Freak》認識杉森建。全日本都有《Game Freak》的忠實愛好者，協作同人誌的夥伴越來越多。
1985年	20	迷上一九八三年發售的「紅白機」與電玩遊戲《超級瑪利歐》。
1987年	22	一邊從事寫作與製作同人誌《Game Freak》，同時開始設計自己的遊戲《解謎大作戰》。增田順一加入團隊。
1989年	24	成立軟體開發公司「Game Freak 株式會社」公司，名稱取自同人誌《Game Freak》。完成紅白機遊戲軟體《解謎大作戰》，由南夢宮株式會社發售。大賣二十萬套。
1990年	25	構思電玩遊戲《寶可夢》企劃案，向石原恆和與任天堂株式會社（以下稱為任天堂）提案，可惜開發過程不順利。
1996年	31	從構思企劃案開始，前後花了六年時間終於完成《ポケットモンスター 赤・緑（寶可夢 紅／綠）》。這款 Game Boy 遊戲軟體由任天堂發售，深受小學

1985年 任天堂推出紅白機遊戲軟體《超級瑪利歐》。

1987年 NEC Home Electronics 推出家用遊戲機「PC Engine」。

1988年 SEGA 推出家用遊戲機「Mega Drive」，同年又推出大型電玩《俄羅斯方塊》。

1989年 任天堂推出攜帶型遊戲機「Game Boy」。

1990年 任天堂推出家用遊戲機「超級任天堂」。

1994年 SEGA 推出家用遊戲機「SEGA 土星」、索尼互動娛樂（以下稱為索尼）推出家用遊戲機「PlayStation」。

1996年 任天堂推出家用遊戲機「任天堂64」。

紅白機

Game Boy

1985年 發生日本航空一二三號班機空難事件。

1986年 發生車諾比核災事故。

1988年 青函隧道通車。

1989年 昭和天皇薨逝，改元平成。實施消費稅法，徵收百分之三消費稅。

1990年 股市開始崩跌，泡沫經濟時代結束。

1995年 發生阪神大地震。發生東京地鐵沙林毒氣事件。

年份	頁	事件
1997年	32	生歡迎。不久又限定發售《ポケットモンスター 青（寶可夢 藍）》（一般發售為一九九九年）。 東京電視網開始播出電視卡通節目《寶可夢》系列。
1998年	33	推出首部動漫電影《神奇寶貝電影版：超夢的逆襲》（台灣譯名原為神奇寶貝，二〇一六年改為寶可夢），隨後全球上映，叫好叫座。 推出電玩遊戲《ポケットモンスター ピカチュウ（寶可夢 皮卡丘）》。
1999年	34	《ポケットモンスター 金・銀（寶可夢 金／銀）》上市。
2000年	35	《ポケットモンスター クリスタルバージョン（寶可夢 水晶版）》上市。
2002年	37	《ポケットモンスター ルビー・サファイア（寶可夢 紅寶石／藍寶石）》上市，創下熱賣佳績。一九九八年，Game Freak、任天堂、Creatures 三家公司共同出資成立「株式會社寶可夢」（創立當時的名稱是株式會社寶可夢中心），正式展開「寶可夢」相關事業。
2004年	39	推出《ポケットモンスター ファイア

1998年 SEGA 推出家用遊戲機「Dreamcast」。

2002年 微軟推出家用遊戲機「Xbox」。

2004年 任天堂推出攜帶型遊戲機「任天堂 DS」。索尼推出攜帶型遊戲機「PlayStation Portable」（PSP）。

任天堂 DS

2005年 微軟推出家用遊戲機「Xbox 360」。

2006年 任天堂推出攜帶型遊戲機「任天堂 DS Lite」。索尼推出家用遊戲機「PlayStation 3」。任天堂推出家用遊戲機「Wii」。

2007年 任天堂推出 Wii 專用遊戲軟體《Wii Fit》。

2008年 任天堂推出攜帶型遊戲機「任天堂 DSi」。

2009年 任天堂推出攜帶型遊戲機「任天堂 DSi LL」。

1997年 消費稅提高至百分之五。香港回歸中國。

2001年 美國同時發生多起恐怖攻擊事件。

2004年 印尼發生印度洋大地震。

年份	年齡	事件
		レッド・リーフグリーン（寶可夢 火紅／葉綠）》與《ポケットモンスター エメラルド（寶可夢 綠寶石）》
2006年	41	推出《ポケットモンスター ダイヤモンド・パール（寶可夢 鑽石／珍珠）》。
2008年	43	推出《ポケットモンスター プラチナ（寶可夢 白金）》。
2009年	44	推出《ポケットモンスター ハートゴールド・ソウルシルバー（寶可夢 心金／魂銀）》。
2010年	45	推出《ポケットモンスター ブラック・ホワイト（寶可夢 黑／白）》。
2012年	47	推出《ポケットモンスター ブラック2・ホワイト2（寶可夢 黑2／白2）》。
2013年	48	推出《ポケットモンスター X・Y（寶可夢 X／Y）》。
2014年	49	推出《ポケットモンスター オメガルビー・アルファサファイア（寶可夢 歐米加紅寶石／阿爾法藍寶石）》
2016年	51	智慧型手機應用程式遊戲《Pokémon GO》服務開啟。 推出《精靈寶可夢 太陽・月亮》。
2017年	52	推出《精靈寶可夢 究極之日・究極之月》。

2011年 任天堂推出攜帶型遊戲機「任天堂 3DS」。索尼推出攜帶型遊戲機「PlayStation Vita」。

2012年 任天堂推出攜帶型遊戲機「任天堂 3DS LL」。任天堂推出家用遊戲機「Wii U」。

2014年 索尼推出家用遊戲機「PlayStation 4」。

2016年 任天堂推出攜帶型遊戲機「任天堂 2DS」。

2017年 任天堂推出可攜式家用遊戲機「Nintendo Switch」，可接家中電視，亦可帶出門使用多點觸控顯示螢幕玩遊戲。

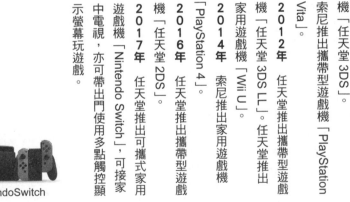

NintendoSwitch

2007年 郵政民營化，日本郵局變成民營企業。

2009年 歐巴馬（Barack Obama）就任美國總統。

2011年 發生東日本大地震（三一一大地震）。

2014年 消費稅提高至百分之八。

2016年 發生熊本地震。

2017年 九州北部豪雨成災。

大人物養成漫畫 ❶

寶可夢之父——田尻智

- 解說／宮本茂
- 編撰／菊田洋之
- 漫畫／田中顯
- 翻譯／游韻馨
- 發行人／王榮文
- 出版發行／遠流出版事業股份有限公司
- 地址：104005 台北市中山北路一段 11 號 13 樓
- 電話：(02)2571-0297　傳真：(02)2571-0197　郵撥：0189456-1
- 著作權顧問／蕭雄淋律師

參考文獻

《田尻智　創造出寶可夢的男人》宮昌太郎、田尻智（太田出版）、
《Game Freak　改寫遊戲世界標準的創意團隊》富澤昭仁（Media Factory）等等。

2020 年 6 月 1 日 初版一刷　　2022 年 10 月 5 日 初版五刷

定價／新台幣 280 元（缺頁或破損的書，請寄回更換）

ISBN 978-957-32-8775-9

遠流博識網　http://www.ylib.com　E-mail:ylib@ylib.com

学習まんがスペシャル　ポケモンをつくった男　田尻智

- 發行所／台灣小學館股份有限公司
- 總經理／齋藤滿
- 產品管理／黃馨瑝
- 責任編輯／李宗幸
- 美術編輯／蘇彩金

國家圖書館出版品預行編目(CIP)資料

寶可夢之父——田尻智 / 菊田洋之編輯撰文 ; 田中顯漫畫 ;
游韻馨翻譯 . -- 初版 . -- 臺北市 : 遠流 , 2020.06
面 ;　公分 . --（大人物養成漫畫 ; 1）

譯自 : 学習まんがスペシャル ポケモンをつくった男 田尻智
ISBN 978-957-32-8775-9（平裝）

1. 田尻智 2. 漫畫家 3. 傳記 4. 日本

783.18　　109005586

※ 本書為 2018 年日本小學館出版的《ポケモンをつくった男　田尻智》台灣中文版，在台灣經重新審閱、編輯後發行，因此少部分內容與日文版不同，特此聲明。

田尻智的名言語錄

只要不斷思考，就能找到答案。
人生的道路也會越走越寬。
田尻智